ゾーンの入り方

室伏広治
Murofushi Koji

a pilot of wisdom

はじめに

人間は、どうすれば集中力を高めることができるのか。それは、多くの人たちにとって大事なテーマだと思います。

私もアスリートとして、練習に集中して自分を高め、試合に集中して最大限の力を発揮するためにはどうするべきかをつねに考えて、日々取り組んできました。

実は、私はハンマー投げの選手として、けっして素質に恵まれた人間だったわけではありません。ハンマー投げの世界トップレベルの選手と比べて体格やパワーは劣っていました。室伏広治が五輪に出たり、メダルをとったりする選手になるとは、だれも想像していませんでした。

ところが、そういう私が試行錯誤の末、世界のトップレベルで戦える選手になれたのです。それはなぜか。その要因はいくつかあります。その一つひとつを本書の中で詳しく述べていきますが、ここで強調しておきたいのは、「自分が持っている力を極限まで引き出すにはどうするべきかを追求する」ということです。

その答えの一つが、集中力なのです。

では、集中力とは何か。その答えもいくつかありますが、まず触れておきたいのは「本気で全力を出し切ること」です。「なんだ、そんな単純なことか?」と思うかもしれませんが、実は、そんなに簡単なことではないのです。本人は「私は本気でやっている」「自分は全力を出している」と思っていても、それは本当の全力ではなくて、まだまだ力が残っていることがとても多いのです。

では、どこにそういう力が残っていて、それをすべて出し切るにはどうすればいいか。それを見つけられれば、必ずいまの自分を超えられるのです。本書では、仕事やスポーツや生活それぞれの場面で、それを見つける方法を提案していきますが、もっとも簡単でわかりやすい例を一つ示します。

「人差し指で向こうを指さして、その指を全力で伸ばしてください」

そう言われたとき、本気で全力を出し切って伸ばせる人はけっして多くはありません。本人は指を全力で伸ばしたつもりでも、実はまだ十分に伸びていないのです。指をすべて伸ばし切るには、手や指の力だけでは足りません。腕の力を加えても足りません。その方法は本文で詳しく解説しますが、結論から言うと、一本の指を完全に伸ばすためには全身の筋肉を総動員しなければできないのです。たった指一本を全力で伸ばすためにも全身の力が必要なのです。

アスリートに限らず、人間が成長するためには、自分の力をすべて出し切ることが大切です。だれしも頭ではわかっていますが、本当に全力を出し切る方法についてはよくわかっていない人が多いのです。

そして、本気で全力を出し切ることを実践して初めて、集中力が身につくのです。指一本伸ばすような単純な動作でも全力で取り組むことができるようになると、集中力が高まり、いままで気づかなかったことに気づけるようになります。見えなかったことが見えるようになり、感じることができなかったことが感じられるようになります。そこに初めて完全に調和した「ゾーン」というものが現れるのです。

集中力を極限まで高めてゾーンを体験すること。それは、特別な人が特別なことをしなければできないことではありません。自分の目標や目的に向かって全力で取り組んでいれば、あるとき、必ずゾーンに入れる瞬間があるのです。

そうした「超集中力」や「ゾーン」を体験することは、「昨日の自分を今日は超えた」という経験をすることであり、「今日の自分を明日の自分は超えられるはずだ」という自信を持てるようになることです。それが、日々、自分の力を高めていくことになるのだと思います。

私は、人間のパワーを競い合うハンマー投げという競技において、初めは、世界の高い壁をなかなか超えられませんでした。どうすれば、圧倒的な体格やパワーを備えた世界のトップ選手に勝つことができるのか。トレーニングと研究を重ね私が最初に得た結論は、「いままで通りの練習だけでは、この壁は超えられない」ということでした。そして、それまでの常識やセオリーの枠を超えて、自分の力を最大限に高める方法を追求していくうちに、まだだれもやろうとしなかった方法があることに気づきました。

それは、自分の体の中にはまだ十分に使われていない機能があり、それを鍛えて高めていけば、もっと大きな力を発揮できるはずだということです。自分の体の中で、眠っている神経回路を開き、十分に働いていない筋肉を呼び覚まして働かせれば、さらに大きな力を出して限界を超えていくことができるのです。とくに私の場合、競技生活終盤は肉体や年齢の限界を超えるということが大事なテーマだったので、いかに無駄なく自分の全機能を覚醒させるか、そのためのトレーニングを考案し、パフォーマンスを高めることが重要でした。

本書では、そこで私が見出《みいだ》したトレーニング方法を紹介します。このトレーニングによって、自分の中でまだ眠っている機能を少しでも目覚めさせることができれば幸いです。それは、ハンマー投げやスポーツにおいてだけでなく、あらゆる人々が体現できることだと思います。しかも、日常生活の中で行えるものを選んでいますので、今日からすぐに実行できるものばかりだと思います。

本書は、そのトレーニング方法「室伏流エクササイズ」で体を整え、心を整えて集中力を高め、少しでもゾーンに入るためのヒントになればと、私なりに記したものです。

いま私たちを取り巻く社会状況は、あまりにも変化が激しく、四六時中、脳を刺激してやまない情報とモノで溢《あふ》れています。つまり、自分の取り組むべきことに集中できる環境とは言いがたい面があります。そうした中で、精神を集中し、自分の望む方向に前進していくためにはどうすればいいのか。この本が、昨日の自分より一歩前に進むための一助になれば幸いです。

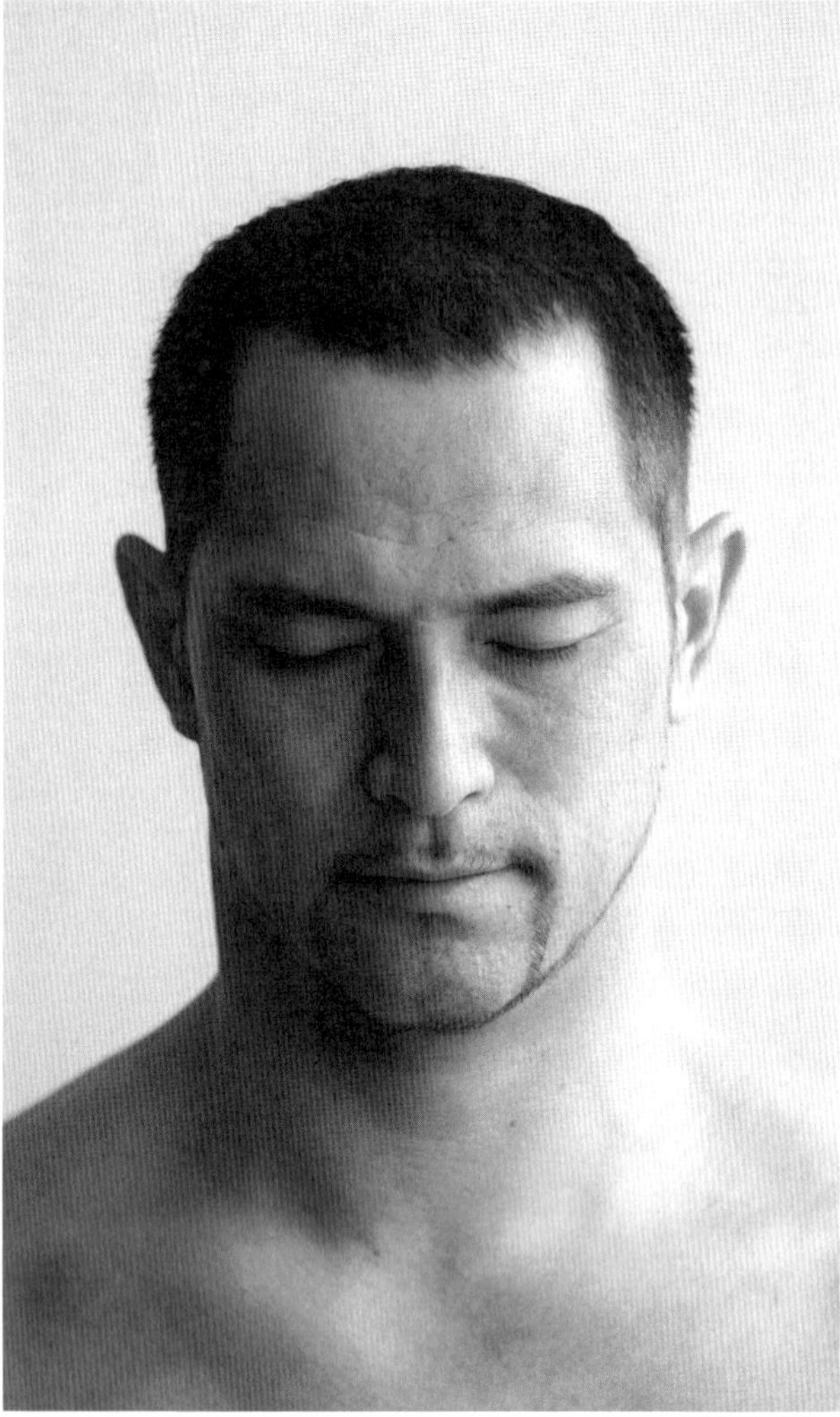

目次

第五章　「自然体」が一番強い――134

自分の結果に首をかしげない
調子がいい人の勢いに乗る
季節感を大切にする
対戦相手は無限の蒼空
自分の弱点と上手に向き合う
やるべきこととやりたいことを一致させる
「成功体験」が成長の邪魔をする
最後につかんだ極意がある
スポーツの究極にあるものは「楽しさ」

第六章　体を整える

自分の中に眠っている潜在能力を呼び覚まそう
日常生活の中でできる効果的なエクササイズ
【室伏流エクササイズ】①　新聞紙エクササイズ
【室伏流エクササイズ】②　全力で指を伸ばす

企画協力／髙木真明、構成／松橋孝治
撮影／佐久間ナオヒト（一八二、一九九、二〇五、二〇八、二〇九ページを除く）

第一章　究極の集中力をつける

アテネの星空で見つけた集中力

「さあ、いまから集中してやるぞ」

せっかくそう思っていたのに、集中を妨げられることがあります。ざわざわと雑音が多いとか、悪気なく邪魔をする人がいるとか、どんなに集中力がある人でも集中しにくい状況に置かれてしまう場合があります。

自分の力ではコントロールできない外的要因によって集中力を損なわれてしまい、なおかつ場所や時間を変更して仕切り直すことができない状況であれば、なんとかしてその条件の中で集中していくしかありません。

私たちアスリートの場合、試合本番でそういう状況に置かれてしまったときには、それでもなんとか集中して、いいパフォーマンスにもっていかなければなりません。

私は二〇〇四年のアテネ五輪のとき、まさにそういう状況に置かれました。決勝の六投目、この大会での私の最後の投擲《とうてき》。五輪の金メダルをかけたハンマー投げに入る前、競技場の観客席は大歓声に包まれていました。地元ギリシャの選手が四〇〇メートルハードルに出場していたのです。私が自分の目の前で手を叩《たた》いても、その音がまったく聞こえないほどの大歓声でした。

それでもなんとか集中して投擲に臨まなければなりません。私はウォームアップエリアの芝生の上に座り、両膝の間に顔を埋《うず》めたり、手で耳をふさいだりして、なんとか音を遮ろうとしましたが、どうしても集中できませんでした。

そこで、私は大の字に寝転がって夜空を見上げました。星を見たいと思ったのです。その日、天気はよくて空は晴れていましたが、スタンドの照明が煌々《こうこう》と灯《とも》っている中で、果たして星は見つけられるだろうか。そう思いながら、遠く夜空を眺めていると、星が輝いているのが見えました。そうしているうちに、私の耳には何も聞こえなくなっていたことに気がつきました。星空に私の気持ちが向かっていったことで、音が消えたのです。

「ああ、これが集中するということなのか……」

2004年、アテネ五輪での著者　　写真提供：共同通信社／ユニフォトプレス

集中しよう集中しようと思って、物理的に音を遮ろうとすることよりも、わが身を大地に預け、スタジアムから遥《はる》か遠い星空に気持ちを向けることで集中できたのです。

「これは、いけるぞ」

私はそう思って再び立ち上がりました。

このとき、スタンドの大音声に集中力を削《そ》がれることもなく、自分のベストパフォーマンスを発揮してメダルを獲得できたことで、私は改めて確信しました。

「どんな状況に置かれても、その場に馴染《なじ》むことができれば、自分の本来の力を出すことができる」

たとえ悪天候だろうが、騒音があろうが、どんな試合環境になろうが、そこに馴染む。その環境に抗《あらが》おうとしたり、悪条件を排除しようとしたりすると、なかなか集中できません。しかし、受け入れ方をマスターすれば、どんな条件の中でも集中できるはずです。いつも通りの精神状態で戦えるはずです。

だれしも自分のスタイルというものがあり、自分の戦い方があり、自分のルーティンというものがあるでしょう。そういう条件を自分なりに整えて集中力を発揮するというのは、それはそれで大切なことだと思います。

しかし、そうした「自分なり」のものが強すぎると、外的要因で「自分なり」のことが成り立たない場合、力を発揮できずに終わってしまうことがあります。スポーツの試合であれ、仕事であれ、自分の思ってもみなかった条件の中でやらねばならないときがあります。そういうときでも集中できるようになるためには、「どうやったら、この状況に馴染めるだろう」と考えてみることが必要です。

その糸口は、目の前に見えていることばかりにとらわれるのではなく、夜空にきらめく星を見つけたときのように、意外なところにあるのではないか。私はそう思っています。

集中力とは何か?

集中力という言葉は、いろいろな場面で使われますが、そもそも、「集中する」とは、どういうことなのでしょうか。集中力とは、どんな力なのでしょうか。

小学校の先生が教室で子どもたちに「授業に集中しなさい」というのは、先生の話をちゃんと聞かないでおしゃべりをしたり、すぐに飽きてよそ見ばかりしたりすることを問題にしています。

これは「一つのことに集中していられる時間が、とても短い」という意味では「集中力が足りない」と言えますが、「小さい子どもは、まだ持続力がないから、すぐ飽きてしまう」という面があります。

子どもの場合は、発育とともに持続力や集中力を身につけていくわけですから、年齢的な成長とともに改善していきます。問題なのは仕事中に集中力が途切れがちな大人が増えているのかどうかです。

集中力とは、単に一つのことを長時間にわたって続けるということだけではありません。たとえば、私は二〇代の頃、ハンマーを投げるだけの練習に毎日六時間ほどかけて、一〇〇本以上も投げることがありました。その他にもハンマーを使わないトレーニングをするのですから、一日のトレーニングには、かなりの時間とエネルギーを費やします。

しかし、三〇代の後半ともなると、一日に一〇〇本も投げたら、間違いなくケガをしてしまいます。そこで、必要最小限の本数を投げて、しかも体への負担を最小限にする方法をとることにしました。まず午前中に一六本投げて、昼食をとって昼寝をする。体の十分な回復を待ってから、午後に一六本投げる。一日合計三二本でおしまいです。

この三二本だけの練習で、一〇〇本以上投げていたときと同等以上の成果を上げるには、集中力で練習量をカバーするしかありません。「一日三二本、一本たりとも無駄にしない」という集中力が大事なのです。

そのために、午前中に一六本投げたときの映像を昼休みに見て、フォームを念入りにチェックしました。それをもとに「午後は何を課題にして、どういうふうに一六本投げるか」を綿密に決めていきました。

つまり、この三二本のハンマー投げには、一本一本すべてにそれぞれ目的があるのです。その日の三二本の目的と内容と反省をもとに、また次の日の三二本は、どういう意図と目的のもとに投げるかを決める。こうやって選手生活の晩年に差し掛かった日々に投げた一本当たりの内容の濃さは、毎日のように一〇〇本以上投げていた頃とは比べものにならないほどでした。

この取り組みは「量を質でカバーする」ということであり、「時間を集中力で補う」ということです。少ない取り組み時間であっても、一つひとつ丁寧にできるだけ質を上げることができれば戦える。たとえ量が少なくても、集中してやれば、必ず質を上げることができるのです。

スポーツ科学には、ピリオダイゼーション（Periodization）というものがあります。一年間を通して毎日ただ同じようにトレーニングを行うのではなく計画的にトレーニングを進めていき、一番大切な試合でピークに持っていくための方法のことです。

長期的なトレーニングにおいて、つねに一定のプログラムを継続するのではなく、目的達成のために短期的にメニューを変化させて、単調になったりオーバーワークになったりしないで、より効率よく確実に最終目標を達成するという方法です。

私は現役時代の後半は、つねに「量よりも質が大切」という考え方に立っていました。「どれだけたくさんやったか」が大事なのではなく、「何のためにどういう練習をするのが最良か」を考えて「質」から発想して練習計画を組み立てていきました。「あまり質がよくないトレーニングをやるぐらいなら完全に休んでいるほうがいい」と思っていました。

実は「とても集中してできる」というときと「あまり集中してできない」というときの違いは、質の問題とも深いかかわりがあるのです。質のよくないものをやっているから、すぐに飽きてしまったり、持続力がなくなってしまったりするのです。質が悪いものだから、つまらなくて熱中できないのです。

だったらどうすればいいか。質を高めればいいのです。そうすれば、その取り組みはおもしろいものに変わり、夢中で取り組めるようになるはずです。質のいい練習や質のいい仕事の方法を見つければ、だれに言われなくても熱中できる。つまり、集中もできるし、持続することもできるのです。

どうも集中できない。どうも持続できない。そういうときは、いま取り組んでいることの中身を改めて見直して、質を向上させる工夫をしてみてはどうでしょうか。

それと同時に、長年やり続けてきたことを再び新鮮に感じさせる工夫も大切です。だれしもどんな仕事でも、はじめのうちはフレッシュな気持ちで取り組めるけれど、何年も同じことをしていると、なかなか新鮮な気持ちを取り戻すのは難しい。早い話が、「ハンマー投げを二〇年以上もずっと続けて、いったいどこがおもしろいの？」ということです。

その答えが、「同じことをずっと継続したり反復したりするのではなく、メニューを変えたり取り組みを変えたりして、絶えず質の向上を目指していく」ということなのです。

いま私は脳の働きについても研究をしています。脳は「同じことを反復してやるだけでなく、変則的なことも入れたほうが働きが活性化する」ということがわかっています。同じことを繰り返しているだけではなく、次々と変化するものに対して即興で対応することが大切なのです。はじめのうちは脳の活動も活発だけれど、繰り返しになっていけばいくほど脳は活動しにくくなる傾向があるのです。

こうした研究の成果がいろいろと出てくれば、それを応用して、すでに明らかにされているピリオダイゼーションのようなトレーニングの方法論と同じように、練習の目的・目標を明らかにして、様々な取り組みの質を高め、集中力を高める新しい方法を開拓できると思っています。

トレーニングの質を向上させるためには、計画的なトレーニングが必要です。その計画は、トレーニングによる身体的・精神的ストレスとその回復をバランスよく調整することにより、継続的に最大限の効果を実現させるためのものなのです。

スポーツも仕事も、集中力が大事です。そして、持久力と瞬発力の両方が必要です。ときには、マラソンのように長くコツコツと遅筋を働かせることも必要だし、またあるときには瞬発的な速筋を働かせることも必要です。

物事の考え方としても、マラソン的な考え方だけでは成り立たないし、瞬発力勝負だけでもうまくいきません。つねにその両方のバランスを整え、質の向上をはかりパフォーマンスを発揮する力。それこそが集中力だといえるでしょう。

集中力が高まらない原因と対処法

「どうすれば、集中力を高めることができるのでしょうか?」

講演会をしたときなどに、よくそういう質問を受けることがあります。

ハンマー投げの室伏広治に対するイメージとして「競技場で体と心を極限まで集中させて、

それを一気に爆発させて、雄たけびとともにハンマーを投げる」というものがあるのでしょう。

そこで、日頃から「どうも自分は集中力がない」と感じている人が、私に話を聞いてみたいと思うようです。あるいは、学校の先生や、若い人たちを指導する立場の人から「最近、集中力のない人が増えているんですが、どうやったら集中力をつけさせることができるでしょうか」という相談を受けることもあります。

集中力がないというのは、具体的にどういうことなのかと聞いてみると、「ちゃんと集中して授業を聞けない」「練習に身が入らない選手がいるとき、どうやって集中させればいいか」などということのようでした。

アスリートのトレーニングの場合であれば、答えは比較的簡単です。なぜか気が散って練習に集中できないというときは、練習を中止したほうがいい。集中できないときにトレーニングをしても、あまり意味がありません。練習に集中できない理由が何かあるはずです。つまり、何か問題を抱えている可能性があります。

それは疲労の蓄積だったり、体調があまりよくなかったり、どこか故障しかけているのかもしれない。あるいは、故障しているのに、我慢してトレーニングをしようとしているのかもしれません。

そういうときは、練習よりも治療や休養が大切です。練習を休んで治療して、しっかり故障を直してから、また練習に集中すればいいのです。

故障以外でも集中力を欠く原因は考えられます。何らかの不安や不満を抱えていて集中できないのであれば、それをコーチに相談したり自分で解決方法を見つけたりしてから練習に臨まなければ、それこそケガにつながりかねません。

そういう明らかな問題が見当たらないのに集中力がないとしたら、「慢性的に集中できないのか」「いまだけ集中できないのか」によって、対処法は変わります。

日頃は集中できるのに、なぜか今日は集中できないというのであれば、少しの間、休憩して戻ればいいと思います。オフィスワークであれば、席を立って軽い運動をしてみるとか、少し表の空気を吸って席に戻るとか、リフレッシュして仕事に戻れば身も心もスッキリしている場合があります。

最近、いつもこんなふうに集中できないことが多いというのであれば、それはいま、はっきりとした目的や目標がないのが原因かもしれません。

向かうべき目標があれば、集中しようと意識しようがしまいが、自《おの》ずと目標に向かってアクションを続けていけるはずです。それがどうも見当たらないから、前に進むことができずにいる。どうも仕事が手につかない。集中できない。そういう状態なのかもしれません。

集中というのは、集中そのものに目的があるのではなく、目的を達成するために集中するのです。自分はいま何を目標にしているのか、何を目的に取り組むのか。それを自分で問い直してみることが必要です。それが明確になれば、自ずと集中力は高まるはずなのです。

究極の集中力「風林火山」

集中力というものは、いったいどうすれば、ここぞというときに発揮できるのか。

そのテーマを考えるときに、武田信玄の「風林火山」が参考になるでしょう。

疾《はや》きこと風の如《ごと》く
徐《しず》かなること林の如く
侵掠《しんりゃく》すること火の如く
動かざること山の如し

戦国大名の中でも最強と言われた武田信玄が、孫子の言葉から引いたとされる「風林火山」。

それは戦の極意であり、勝負に臨むための最強マニュアルであり、「本物の集中とはどういうことか？」という問いへの答えだと思います。

集中力とは、ここぞというときに、いつ、どんな場面でも、どういう状況にもあわせてケースバイケースで変化させ、力を出すこと。そのためには、ときには風のように、ときには林のように、ときには火のように、ときには山のようでなければいけない。その時々によって、突如として風にも林にも火にも山にもなれる。日頃からそういう訓練をしておくことが、まさに集中力を養っておくことなのだと私は考えています。

静かに集中している状態というのは、いわば林の中の池の水が一切揺れ動かずに静まり返って鏡のように周りを映し出している状態です。それが、ある瞬間、一気に躍動感をもって動き出すのです。たとえば、アテネのスタジアムの喧騒《けんそう》の中で私が集中力を取り戻すことができたのは、夜空を見上げて星を見つけることで、自分の中に静寂を作ることができたからです。

そして、夜空の星を見て集中した次の瞬間、野獣のようにハンマーを投げる。星空モードだけではいけないし、野獣モードだけでもいけない。その両方を持っておく。そして、突如としてどちらにもなれる。それが私の理想とする集中です。

「風・林・火・山」というのは、「動・静・動・静」です。風という動から林という静へ、そして火という動へ、山という静へ。静から動へ。動から静へ。その時々に応じて、瞬時にモードチェンジをして適応する。まさに臨機応変。とても柔軟に、風にも林にも火にも山にも何にでも瞬時になれる。つまり、集中力とは、この適応力だと私は思っています。

日常生活において、そうした力を発揮するためには、様々な状況にどう対処するかを自分自身、訓練しておくことが大切だと思います。たとえば、周囲とのコミュニケーションにおいて、静かに見守るべきとき、すぐに助けの手を差し伸べるとき、謝らなければいけないとき、叱咤《しった》激励するとき、その時々に応じて、瞬時に対応できる自分でありたいものだと思います。

こうしてみると、集中力とは、ギュッと力を入れた状態とはまた違うものだということがわかると思います。次々と変化させることができるのが集中力なのです。

ずっと一点を見つめて力を込めているばかりではなく、「明鏡止水」という言葉があるように、曇りのない鏡や静かな水のような状態。そういうときには、リラックスにつながる、静かで落ち着いた状態になっている。そのときはもう自分が集中していることすら忘れている。「集中しよう」という意識も消えているし、集中しているのかしていないのかという問いすら忘れている。それが究極の集中だと思います。

自分が集中していることすら忘れて没頭できているとしたら、こんなに素晴らしいことはありません。

　では、どうしてそういう状態になっているかと言えば、それは夢中でやっているからです。夢中でやれるほど楽しいからです。つまり、「どうすれば集中できるか」という方法論の一つは、その楽しさを見つけること。集中してやることの楽しさを知ることなのです。

　どんなにプレッシャーがかかる試合でも、どんなに大変な仕事でも、必ずその中に楽しみを見出すことはできます。たとえ追い詰められている状況でも、そこに楽しいと感じられるものを見つけることはできるはずです。そうすれば、その瞬間はプレッシャーも忘れて、集中することさえも忘れて、没我のような状態になって力を発揮することができる。それこそが本物の集中だと思います。

第二章　ゾーンに入る

ゾーンとは何か？

ゾーンという言葉があります。

集中力が極限まで高まって、心技体が完全に調和して、ほとんど無意識な状態なのに最高のパフォーマンスが発揮できた。その状態をいわゆるゾーンというのだとすれば、私もゾーンの体験者だといえるでしょう。

すごく集中しているけれど、同時に無駄な力が抜けてリラックスしている。集中しているという意識すら忘れてしまうほど没我のような状態の中で、体とハンマーの回転のスピードはどんどん加速しているのに、すごくゆっくり感じる。ハンマーを回転させて、投げるときには三〇〇キロ以上も遠心力がかかっているはずなのに重さをまったく感じない。そういう感覚で投じたハンマーが記録的にも大きく伸びた。そういう状態がゾーンと言われるものなのだと思います。

そうした体験をするようになったのは、やはりトレーニングと試合経験を積んで、世界のトップ選手たちと争えるようになってからのことです。努力も経験も成果も足りないときに偶然にそういうことが起こるとは考えられません。心技体が合致するレベルになり、自分が追求してきたことが頭でも体でも実感できるようになってきたときに、そういうパフォーマンスができるようになったのだと思います。

そして、一度でもそれができるようになれば、またそれを再現することはできます。なぜそういうパフォーマンスができたのかという理由は、そこまで積み上げてきたことの中にすべてあるのですから、意図的にそれを行えば、再び同等以上のパフォーマンスができるはずです。

逆に言えば、世界のトップレベルの選手になるということは、そういうパフォーマンスを繰り返せるようになっていくということでしょう。

私がハンマー投げの選手として世界のトップレベルになっていく過程には、いくつかの段階がありました。

一九九五年、大学三年生のときに七一メートル〇二を記録し、「日本人として三人目の七〇メートル超の記録保持者」となりました。一九九七年に初めて世界陸上の決勝に進出しました。一九九八年、二四歳になる年には、父・室伏重信の日本記録七五メートル九六を超える七六メートル六五の新記録を出しました。そして、次の目標は世界のトップ選手の指標である「八〇メートル」の壁を超えることでした。

それを超えたのが二〇〇〇年五月、大阪グランプリという国際大会でした。では、なぜそのとき達成できたのかと言えば、技術や体力だけでなく、自分の心と体とハンマーが一体となる感覚を身につけたことでした。言ってみれば、それが私なりのゾーンだったのかもしれません。

ハンマーと一体化する境地

では、どうやってハンマーと自分が一体となる感覚をつかんだのか。それは、ハンマーを磨くことでした。投げる技術でも体力でもなく、道具を大切にし磨くという実に日本的な行為が、八〇メートルの厚い壁を乗り越える力となったのです。

そのきっかけは、身体教育研究所の野口裕之先生にこう聞かれたことでした。

「室伏君。ハンマーって、どうやって磨いているの？」

「いや、汚れや泥を落とすぐらいで、とくに磨いたりはしていませんね」

「へえ、そうなんだ。だったら磨いてみたら?」

「そうですね。ちょっと工夫してみます」

その日から毎日、練習が終わった後にハンマーを磨くようになりました。投げるたびに何度も地面に落ちて泥がついたハンマーに水をかけてタワシで磨いてタオルでふく。次第に水だけで洗うよりも洗剤をつけてもっときれいに磨こうと思うようになりました。石鹸《せっけん》がいいのか、食器を洗う洗剤がいいのか、ボディーシャンプーがいいのか。そのときに真剣に思ったのは、「どれで洗うのがハンマーにとって、一番気持ちがいいんだろう」ということでした。

つまり、私はハンマーを磨くという行為によって、ハンマーと向き合い、ハンマーの気持ちになってみることができるようになったのです。ハンマーを磨くという作業は、時間にすれば五分ほどのことですが、その間、心を込めて磨いていると、自然にハンマーだけに神経を集中していました。私がハンマーを磨き始めた頃は、他にそういうことをしている選手は見かけたことがありませんでした。しかし、その後、中京大学の後輩たちは、同じように磨くようになりました。

こうして、毎日ハンマーを磨きながら、ハンマーを大切にする心を身につけていったことで、私の心と体はハンマーと一体になっていきました。ハンマーと私は、まさに一心同体で、記録を伸ばしていったのです。

そんな非科学的なことで世界のトップレベルの記録が出せるのかと思うかもしれませんが、実は非科学的な話でもないのです。

人間の脳には、データを分析したりロジカルに物を考えたりする大脳新皮質と、感情や感覚を司《つかさど》る大脳辺縁系という領域があります。たとえば、洗ったものがどれだけきれいになったかを人間が感じるのは、感覚的な辺縁系の働きによるところが大きいということがわかっています。

アメリカの洗濯洗剤の研究をしている会社が、どういう洗剤が消費者に選ばれるかということを調べたら、洗剤の成分や漂白方法を追究して物理的に「どれぐらい白くなったか」を強調した商品よりも、香りなどの感覚に訴えた商品のほうが好まれるという結果が出たというのです。つまり、どれだけ清潔になったかということは、見た目よりも匂いなどの感覚でとらえる。事実よりもフィーリングで清潔さを感じるというのです（Simon Sinek, *Start with Why*）。

ハンマーを磨くという行為も、私の辺縁系の働きによって、感覚的に「ハンマーをきれいに磨いてハンマーが気持ちよくなった」ということを感じたのだと思います。もし機械で磨いたり業者に頼んだりして、それを顕微鏡でのぞいてみて「こっちのほうが室伏さんの手で磨いたものよりきれいになっていますよ」と物理的なデータを提示されても、私にとって何の意味もなさなかったと思います。

脳科学的にみれば、私自身で洗剤を選んだり、きれいになったハンマーを眺めたりしながら「きっとハンマーも気持ちいいに違いない」と思うことが、辺縁系の働きを促し、ハンマーを無心で磨くと同時に自分の感覚を磨いていたのだと思います。それによって私とハンマーが一心同体となってパフォーマンスの向上につながったのでしょう。

仕事においてもスポーツにおいても、ロジカルな面と感覚の面は、両方とも大切です。どちらか一方だけでは成り立ちません。感覚も大事ですが、数字やデータや客観的な理論も大切です。

感覚だけに頼っていては、その感覚が間違っていたときに客観的に分析して修正することができなくなります。その反対に、数値や客観的な情報だけを頼りにして感覚をおろそかにしてしまうと「体の感覚を忘れた現代人」になりかねません。

大脳の新皮質と辺縁系が、それぞれに大事な場面で活躍してくれるようにする。それが心技体のバランスということだと思います。

超集中状態に入る呼吸法

武道でも、踊りでも、音楽でも、技を究めるうえで呼吸は重要です。これまで、私はそうした様々なジャンルの呼吸法を参考にして、自分なりの呼吸法を見出そうとしてきました。

たとえば、宮本武蔵の『五輪書』には、こういう一節があります。

「喝《カツ》と太刀を突き上げ、咄《トツ》と打つ心」

私はそれを体現しようと自分なりに呼吸の訓練をしました。その結果、ハンマー投げの回転に入る前のスイング動作において、テイクバックから振り下ろしのときに球に重さが乗った感じを体感することができました。私は他の選手よりも体重が軽いことから、自分の全体重をハンマーに預けることが加速するためにとても重要なのです。

ハンマー投げの準備動作である予備スイングで、テイクバックから実際の回転に入る際の切り替えのタイミングを図る訓練に取り組んでいるときに、この「喝、咄」が、とても参考になったのです。読者の皆さんも軽い動作でかまいませんので、実際に体感してみてください。だれかに受け手になってもらい、手を差し出してもらいます。自分の手を「カッ」と頭のあたりまで振り上げ、間髪入れずに「トゥ」と、受け手が差し出している手に向かって振り下ろしてみてください。「カッ」「トゥ」をせずに、ただ振り上げて振り下ろしたときとの違いを感じるはずです。「カッ」と突き上げ、「トゥ」と打つことによって、振り上げから振り下ろしの切り替えの〝間〟がかき消され、ズッシリと手の重さが相手に伝わることを体感できると思います。

これも呼吸法の一つだと考えられますが、実際には呼吸を意識せずとも自然な形でなされるのです。これは、おそらく、有声、無声にかかわらず、発する声の音に呼吸をコントロールする大きなヒントがあるのだと思います。私はこれをハンマーを投げるときの「気合法」にもつなげていました。ハンマーを空気を切り裂くように投げるときには「いええい」。さらに力を入れるときは「ぎええぎ」。空気をつなぐように投げるときは「おううお」。さらに力を入れるときは「おぐぐお」と濁音を入れるのです。

気合いを入れるというのは、ただ大声を出せばよいということではなく、その音の出し方と振動による伝達の仕方に意味があります。たとえば、剣術をスポーツとして体系化し発展させた剣道においても掛け声には、それぞれに意義があるという話を専門家から聞いたことがあります。太刀を打つときは「えい」。相手の太刀を受けるときは「おう」と声を出したり、「メン」「ドウ」「コテ」などと声を出したり、それぞれに発する掛け声があるようです。古流剣術では、流派によってその掛け声も様々であり、それぞれの地域や技の特徴に合わせた音の出し方があったという話を聞いたことがあります。こうした掛け声が運動に及ぼす効果については、いずれ別の機会に詳しく解説してみたいと思いますが、音と呼吸には密接な関係があり、発声の仕方によって呼吸や実際の動作も変化する可能性があるのです。

そうしたトレーニングを重ねながら、私には、大事な試合前、できる限り集中力を高めて本番に臨むための呼吸法というものがありました。

この呼吸法を実践し始めてからは、パフォーマンスに入るときに心が落ち着いて、余分な力が抜けて、力みなく全力を出し切ることができるのです。いわば、これも一つのゾーンの入り方だと言えるかもしれません。

そして、この呼吸法を私はいまでも続けています。仕事やふだんの生活の中で、集中したいときや精神を整えたいときに、この呼吸法を行えば、活力が湧いてきます。つまり、この呼吸法は読者の皆さんが、さっそく今日から実践できることなのです。

人間の身体には胸腔《きょうくう》、腹腔（骨盤腔）があり、一般的には呼吸というと胸腔を中心に行うことが多いようです。ところが、胸で呼吸しようとすると、僧帽筋《そうぼうきん》や胸鎖乳突筋《きょうさにゅうとつきん》を中心とした筋肉が必要以上に働いてしまい、胸や肩を上下動させてしまいます。また、呼吸法といえば腹式呼吸というものがありますが、これは呼吸を意識的に行うことで、おへソのあたりが前後にペコペコと膨らんだりしぼんだりして、集中状態に入りにくい面があります。呼吸法というものは、意識して行うよりも、いかに自然にできるかということが大切なのです。

私が紹介する呼吸法は、呼吸を意識することなく、静かに自然に呼吸することで集中力を高めるものです。

まず最初に、いつも通りふつうに息を吸って吐いて、呼吸をしてみてください。「吸って、吐いて、吸って、吐いて」とやるのですから、当然、自分が呼吸をしているという意識があるはずです。それが一般的な呼吸です。

では、これから私の呼吸法を説明します。

これを行う際には、座っていても、立っていても構いません。背をまっすぐにしリラックスした状態で肩の力を抜いておきます。そして、片方の手のひらを体の前で上に向けて、ほんのわずか水を掬《すく》えるぐらいのくぼみを手の中心に作って、水をこぼさないようなつもりで緊張感を持たせた状態にします（四二ページの写真1）。

次に、その手のひらの真ん中（鎮心）をそうっとヘソの下（丹田）に当て、意識を持っていきます。このとき、肘を曲げて少し外へ張った状態にして、ヘソの下に当てた手のひらの真ん中に意識を集中します（写真2）。

その次に、もう片方の手を同じようにヘソの下のところに持ってきて、最初の手の上に重ね合わせます（写真3）。

そして、この形ができたら、目を閉じて、眉と眉の間を軽く意識します。そことヘソの下と、ヘソに当てた両手の手のひらの真ん中の三点を一直線にし、眉間でヘソの下の丹田を覗《のぞ》き見るような気持ちで、意識を丹田に持っていきます。ほかに気を散らさないようにして、そこに意識を集中させます。そうすると、肩で呼吸する状態にはなっていないはずです。静かにゆっくりと呼吸をしているはずです（写真4）。

こうやって、呼吸も呼吸法もまったく意識せずに、手のひらの真ん中をヘソの下に持っていったところに意識を持っていくだけでいいのです。

これは、整体や古武道などで言う「鎮心」を「丹田」に持っていくことで、心を落ち着けて集中できる方法です。集中して、頭が空っぽになっていくうちに呼吸を忘れて、結果的に肩の上下動もなくなり理想的な呼吸法になっているのです。前述したように、呼吸の理想は、「呼吸を意識しない状態で自然に呼吸していること」なのです。

この呼吸をする時間は、一～三分でいいのです。これから何かに集中して取り組みたいとき。あるいはスポーツをするとき。心を落ち着けたいとき。この呼吸法を試してみてください。きっと、スーッと心が楽になったり、リラックスして最大限の力を出したりできるようになると

簡単にすぐ集中状態に入れる呼吸法

1

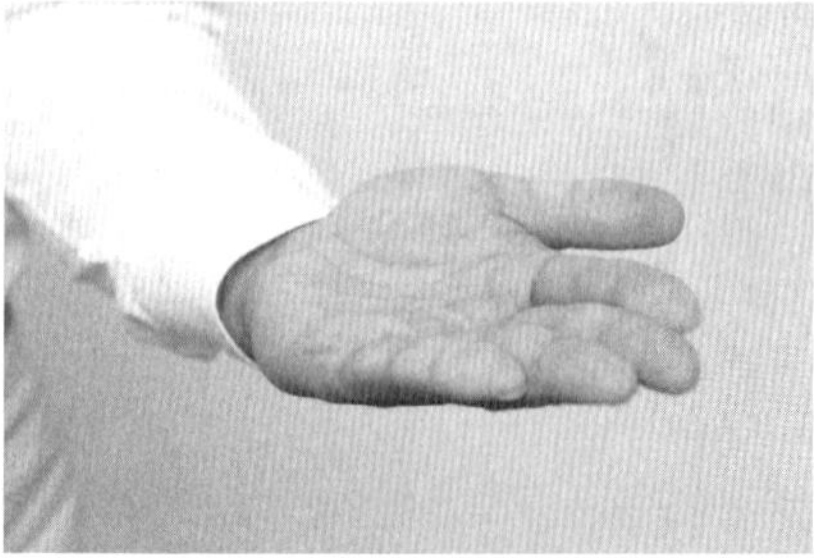

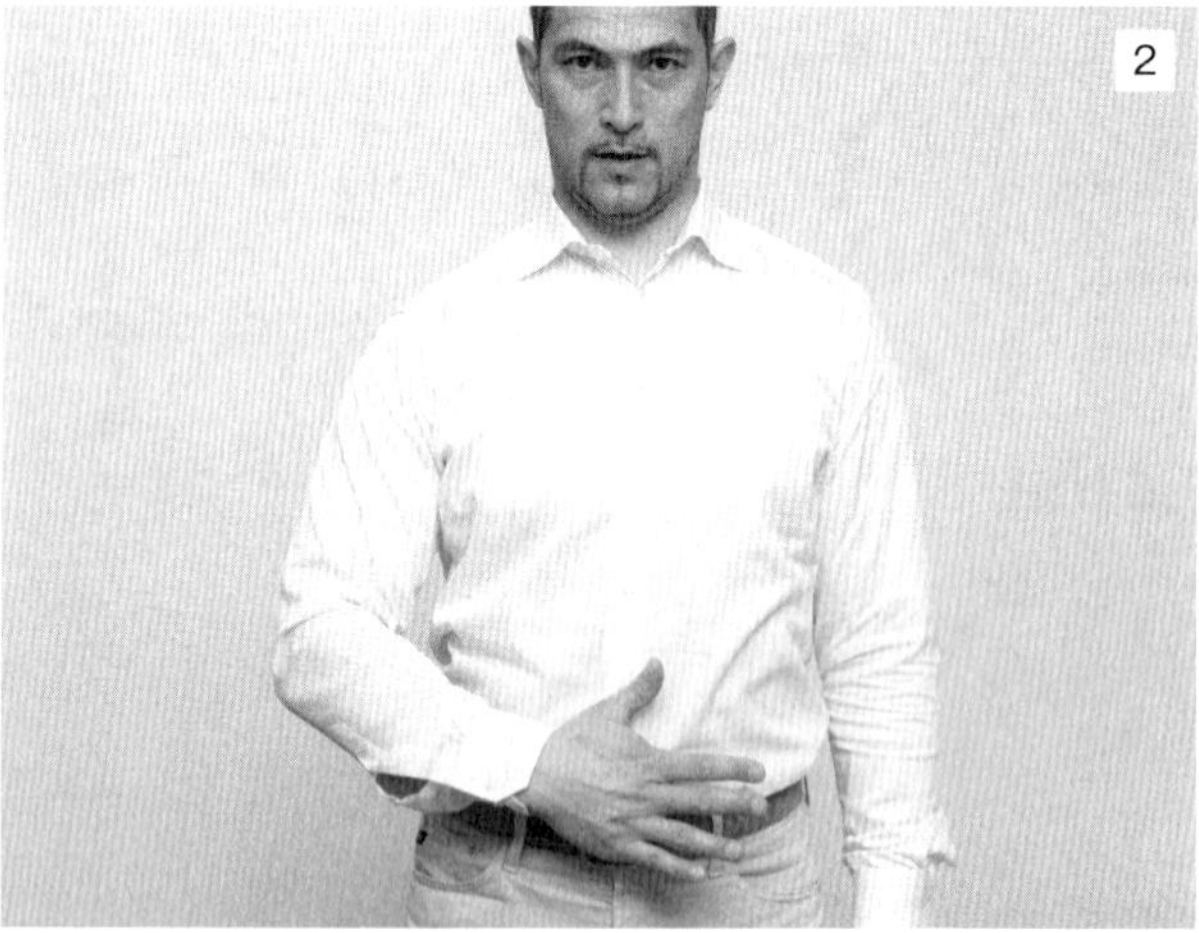

3

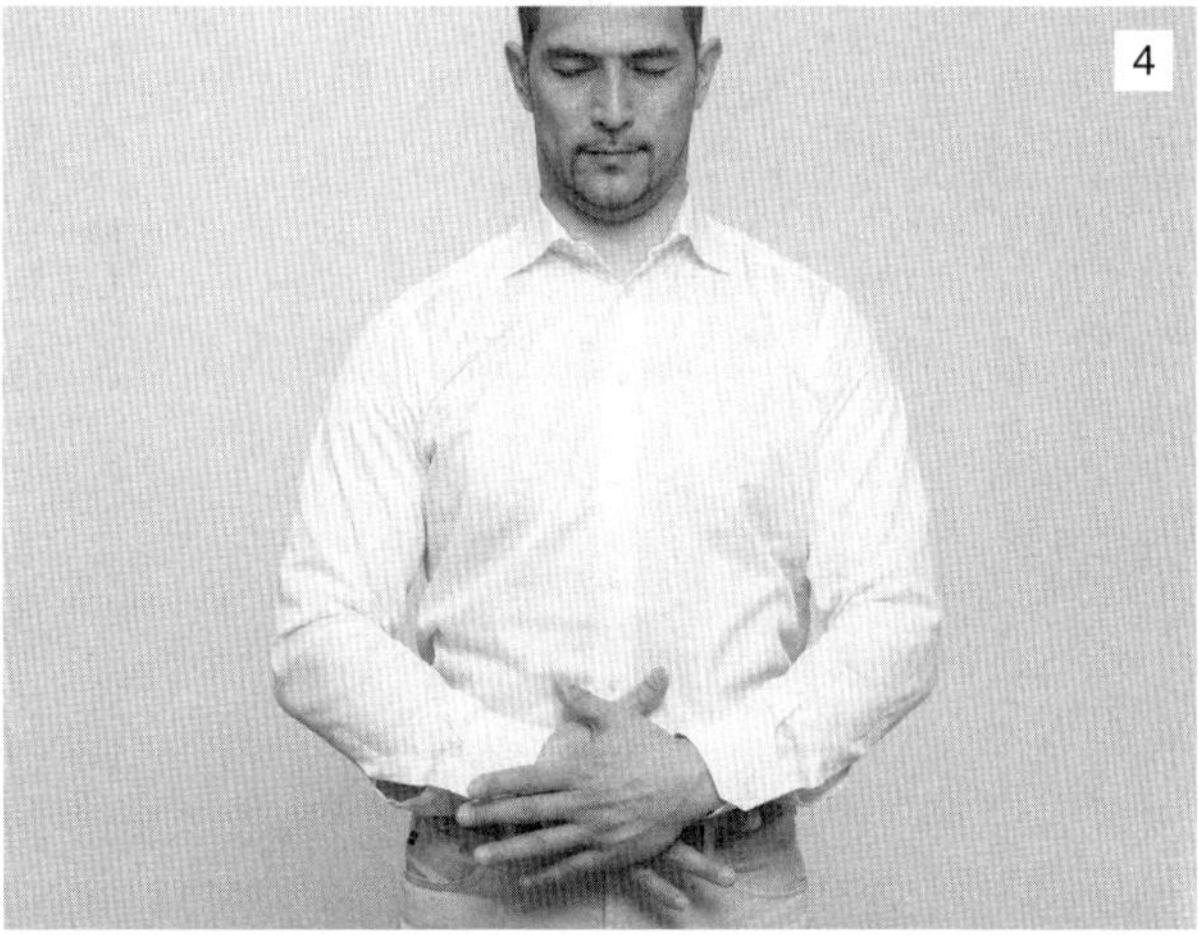
4

思います。これは、第一章で触れた、私がアテネ五輪で星空を見上げたときと同じ状態です。人は意識をほんの少し変化させたり、意識を別のところに移したりすることで、呼吸も変化し、そして動作も変化するのです。

一瞬で全身に力がみなぎる逆転の呼吸法——超上級者編

集中力を高め、全身に一気に力がみなぎる呼吸法。次は、その超上級者編を紹介します。この呼吸法を覚えれば、体幹トレーニングも腹式呼吸も一発で凌駕《りょうが》できるかもしれません。

前項でも説明したように、一般的には呼吸というと胸腔を中心に行うことが多いのですが、胸で呼吸しようとすると、胸や肩が上下動してしまいます。スポーツの具体的な例でいうと、野球のピッチャーや陸上のやり投げ選手がオーバースローで投げるときに肩が回らない原因にもなります。そして、結果として下半身の大きな筋肉が使いにくくなるのです。腹式呼吸のように呼吸を意識的に行うと、背中側はまったく膨らまずおヘソのあたりが前後に膨らんだりしぼんだりして前面だけに意識が行きやすく、上下左右前後、体幹全体が締まってこないのです。

では、「逆転の呼吸法」の実践に移りましょう。この呼吸法の所要時間もまた一分間あればOKです。やることはシンプルですが、慣れるまで少しトレーニングが必要です。息を「ハーッ」と吐くときの筋肉の動きをしながら息を吸うのです。これだけで、ふつうの呼吸よりもたくさんの空気が体内に入り、一気に力がみなぎってくるのです。

人間が呼吸するときの筋肉の動きは、吐くときと吸うときで違います。吸うときは胸や腹がふくらみ、吐くときは胸や腹がしぼみます。それをあえて「息を吸うときに、ふだん息を吐くときの動きをする」というのがこの呼吸法です。これから具体的に説明していきます。

これを行う際も、前項の呼吸法と同様、座っていても、立っていても構いません。背をまっすぐにしリラックスした状態で肩の力を抜いておきます。やや身体を前傾させたほうがやりやすいかと思います。前項の呼吸法のときのように、両手の手のひらをヘソの下付近に当てても構いません。

それでは、まず、ゆっくりと鼻から息を吸い込み、口をわずかに開けながら息をハーッと口から吐き出してゆきます。しっかりと体幹部分に力が入るまで吐き出します。そして、吐き切ったら、今度はゆっくりと鼻から吸い込みます。ここまでの呼吸をまず三回行います。ポイントは吐き切ったときの体幹部の形や筋肉の収縮状態をしっかり覚えておくことです。腹横筋（TVA）、内外腹斜筋などの腹筋群、脇の下、背筋群が、どういう状態で吐き出しているか、すべて吐き切るまで吐き出しながら、よく覚え込んでください。

逆転の呼吸法

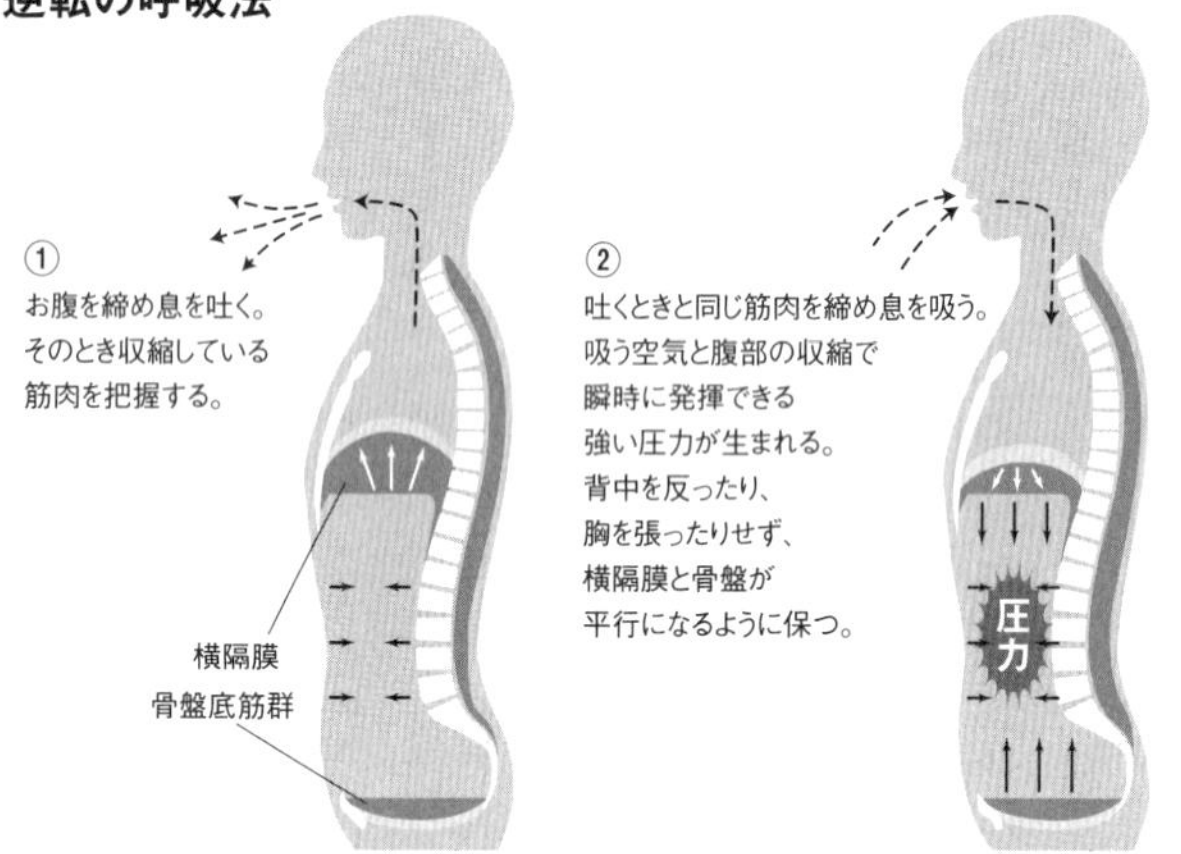
①
お腹を締め息を吐く。
そのとき収縮している
筋肉を把握する。
横隔膜
骨盤底筋群
②
吐くときと同じ筋肉を締め息を吸う。
吸う空気と腹部の収縮で
瞬時に発揮できる
強い圧力が生まれる。
背中を反ったり、
胸を張ったりせず、
横隔膜と骨盤が
平行になるように保つ。
圧力

では、次に四回目に吐き切ったときに、いま息を吐き出すときに使った筋肉の動きをそっくりそのまま再現させながら息を吸ってください。このとき、鼻から一気に吸い込むのです。体幹部が膨らもうとするところを、あえてさっき吐き出していたときと同じく筋肉を縮ませるように働かせて、ヘソの下の丹田に向けてギューッと圧をかけるようにして吸い込むのです。この筋肉の動きで息を吸い込むことで、体幹部に一気に力が入ります。

一分間、この逆転の呼吸法をすることで、集中力とパワーが充満してくるはずです。この呼吸法をマスターすると、瞬時に力を発揮することができるようになると思います。

この呼吸法に慣れてくれば、腹部全体に力を入れたまま普通に呼吸ができるようになります。そうすることによって、運動中の腹の締め方をコントロールできるようになり、上体に無駄な力が入らなくなり、下半身も使いやすくなることでしょう。また日常生活でのギックリ腰の予防にもなり、何よりも物事に対して自信を持って前向きに取り組むことができるきっかけになると思います。

この呼吸法は、慣れないうちは難しいかもしれませんので、もう少し簡単な方法を紹介したいと思います。

まず、足を肩幅程度に開き、踵《かかと》を地面につけたまま、お尻を一番深いところに落としてしゃがみこみます。その状態で息を吸い込めば腹腔（骨盤腔）に吸い込むことができ、逆転の呼吸法と同じ状態になります。この方法のほうが、より簡単でわかりやすいと思います。この呼吸法を行う際、踵が浮いてしまう人は、最初は踵の下に高さのある台をおいてもよいかもしれませんが、できるだけ踵をつけるように努力してください。しゃがんだ状態でこの呼吸を行えば股関節周りも柔らかくなり、踵も少しずつ地面についてくると思います。吸って三秒保ち力を抜く、吸って三秒保ち力を抜く。これを休憩を入れながら五回×三セットを目安に行うとよいでしょう。アスリートであれば、倍の一〇回×三セットを目安にしてもいいと思います。

この呼吸法は、骨盤底筋群が活発化し、泌尿器系に問題のある方にもある程度の効果が期待できると思います。そして、何よりも現代日本人は正しくしゃがむことができない人が多くなりました。とくに若い人ほどその傾向にあり、驚くことに運動選手も例外ではありません。アメリカではASIAN SQUAT《アジアン・スクワット》と言って、アスリートのケガの予防のためにもある程度腰を下ろしてしゃがめるようになることを推奨しています。ただ座るよりは呼吸のトレーニングを行いながらのほうが、より効果があると思います。

ただし、様々な事情で、しゃがむことが難しい方は自身のできる範囲でしゃがめば結構です。腰や膝をケガしている方は、専門家のアドバイスのもとで行い、決して無理をしないようにお願いしたいと思います。

呼吸は、人間の身体と精神をつなげる役割を担っていると言われています。とくに精神とは物理的に見えるものではないので、コントロールすることが難しいのです。しかし、それをコントロールしていくための究極の方法は、呼吸をまったく意識しないで自然体であることだと私は思っています。身体の使い方や物の考え方が最高の状態であれば、そのときに行っている呼吸が、もっとも自然体であり、一番いいのです。今回、紹介した呼吸法が、そのきっかけになれば幸いです。

そして、いまここで紹介した呼吸法も、一つのゾーンと言えるでしょう。また、ハンマー投げにおけるゾーンについて言えば、体の外側では激しく回転して力強い投擲に向かって動いているけれど、心は静かな状態で集中している。これもゾーンと言えると思います。

そもそもゾーンとは、いったい何でしょう。一九七〇年代にアメリカのスポーツ界などでゾーンという言葉が使われだして、やがて日本のスポーツ界にもそれが広がってきました。一般的には、「極度に集中しているときに体験する特殊な精神状態」とか「無心に近い状態」などと言われています。スポーツの世界で、高度なパフォーマンスを発揮したときに、ボールがゆっくり見えたり、とても楽しくて疲労を感じなかったり、時間がゆっくりと流れるように感じられたりするという話を耳にすることがあります。

それはまだスポーツ科学の世界で明確に実証された事柄ではありません。それでも、ゾーンのような体験をした人たちがいて、私にもそうした体験があるのです。では、ゾーンとは何か、ゾーンの入り方とはどういうものか。それを改めて考えてみたいと思ったことが本書が生まれたきっかけのひとつです。私はこの本を通じて読者の皆さんと一緒に「ゾーンを巡る旅」に出てみたいのです。

たしかに究極の集中状態に入ったときは、時間の感覚が変わるということはあると思います。私たちハンマー投げ選手の場合は、あれだけ早い回転をしているのに、すごくゆっくり感じられ、重さを感じなくなる。心身の動きがすべてうまく整って、ハンマーとのタイミングも完璧にマッチしたときには、そういう感覚が生じるのかもしれません。

ハンマー投げは男子の場合、七・二六キロの鉄球をワイヤーでつないだ一・一七五〜一・二一五メートルのハンマーを、直径二・一三五メートルのサークル内で体を三〜四回転させて投げます。このとき、八〇メートルの投擲時の時速は一〇〇キロ以上、体に三〇〇キロ以上の遠心力がかかります。サークルを囲う防御ネットの間口は六メートル、回転スピードが頂点になったときにネットに当てずにこの間を通して投げるチャンスは〇・〇四秒しかありません。

この〇・〇四秒というのは、どれぐらいの時間か。一〇〇メートル走のスタートのフライング判定機は〇・一〇秒に設定されていますが（実際の全身反応時間の限界はわずかに遅く、ある程度余裕を持った設定になっている）、これは人間が耳で聞いて反応できる限界の数値です。〇・〇四秒というのは、その限界を遥かに超えた数値です。つまり、サークルで回転しながら囲いの間口を目で見てから投げ出そうとしても間に合わない。回転しながら「だいたいこの辺で投げれば通せるだろう」という感覚で投げるのです。感覚的に言うと投擲方向に対して背中向きになっているところから投げ始めても遅いくらいです。聴覚・視覚を介して反応する時間よりも遥かに速い反応で投げています。遠くへ投げるというだけでなく、人間が反応できる速さを超えたコントロールが求められる競技なのです。

目標とする試合に向けてトレーニングを重ね、心技体を整え、高めていく日々においては、集中力が高くなって精神も研ぎ澄まされている状態になり、かなり敏感になっていることがあります。練習場だけでなく、家に帰ってからも「ベッドの傾きが少しおかしいな」「足の裏の接地面が偏っている」というような日頃気づかないことまで感じ取るほど繊細になったり、目標に対するプレッシャーを感じたりしてきます。

こうした試合前の日々においては、いわばプレッシャーによるストレスがかかった状態になっていると言えるでしょうが、プレッシャーやストレスというものは、必ずしも悪いことではありません。高い目標を掲げ、そこに向かって究極の努力をしていくことで、自分の中に様々なスイッチが入り、それが力になっていくことを私は経験上、実感してきました。自分が目的に向かって一生懸命に取り組んでいるときに感じるストレスに対しては、逃げようとせずに向き合うことも大切だと思います。ある程度緊張感を持つことは大切で、重要なのは上手にコントロールできるかどうかなのです。

違うジャンルに挑戦してみる

自分が決めた道に没頭したり、そこでゾーンのような感覚をつかんだりするというのは、その道を究めようとしたからこその結果だと思います。

しかし、集中しようとしすぎるあまり、視界が狭くなってしまうことがあります。その道を突き詰めようとしすぎるあまり、苦しみが生まれてしまう場合があります。そういうときは、むしろ、違う道を歩いてみることです。

私も長年、ハンマー投げを続けていて、どうも集中しきれないときがありました。ハンマー投げだけに打ち込んでいると、うまくいかないことがあったのです。

そういうときは、ハンマーを離れてスポーツ科学分野の研究に没頭したり、あるいはハンマーの練習をしばらく休んだりしました。北京五輪の翌年の二〇〇九年も、疲労がたまり、少し股関節を痛めていたので、しばらくハンマーから離れて、大学の水泳部の早朝練習に参加させてもらいました。水の中は体の負担が少ないということもありますが、この際、ただ泳ぐのではなく、平泳ぎが専門の水泳の先生、中京大学スポーツ科学部学部長・高橋繁浩先生に指導を受けて練習に打ち込んでみようと思ったのです。

そのときに目標としたメニューの一つに、「平泳ぎ二五メートルをできる限り手のかき、足の蹴りを少ない回数で泳げるようになろう」というチャレンジがありました。そのために、まずは蹴伸びから始めました。正しいフォームで蹴伸びをして、いかにスイーッと進んでいけるか。まっすぐに蹴って、まっすぐにきれいに進むことが想像以上に難しくて、やりがいのあるトレーニングでした。

先生に蹴伸びの基本を教わりながら、理想的な姿勢で浮力と推進力を得るにはどうすればよいかを工夫していく。自分がやってみるだけでなく、トップ選手がどうやっているかを水の中から観察させてもらって参考にしました。

「なるほど。浮き姿勢というのがあるんだな。体をただまっすぐにするよりも、頭と上体をわずかに沈めた姿勢のほうが抵抗を受けないで進んでいけるんだな……」

そういう工夫をしながら、最初の蹴伸びだけで一五メートル近くまで行けるようになりました。その先は、「手でかく」「足で蹴る」という動作を入れて二五メートル泳ぎ切るにあたって、いかに「かく」「蹴る」の回数を減らすかに挑戦しました。

「かく、蹴る、という動作を合わせて六回で二五メートル泳げるようになったらすごい」

そう先生に言われました。本格的な練習を続け、それが達成できました。

六回で泳ぐというのは、ちょっとした水泳選手並みだということでした。私はさらに意欲が湧いてきて、さらなるチャレンジをしました。その結果、「トップ選手並みの泳ぎだ」という先生の言葉をいただきました。

水泳は、本当に楽しかった。私は、すっかり泳ぐことに没頭し、完全にプールで泳ぎ切ることに集中していました。これは、間違いなくゾーンだったと思います。

何もハンマーを投げることだけがトレーニングではないのです。ハンマー投げだけに私のゾーンがあるわけではありません。水泳だろうがほかのことだろうが、そのときに打ち込めるものがあれば、そこに集中できるし、集中力も鍛えられる。そこにゾーンがあるのです。

自分を鍛える方法は一つではないし、自分が取り組むべき道も一つではないのです。

ハンマー投げしかやろうとしなかったら、こういう経験はできなかったはずです。ハンマーがうまくいかないときに、ハンマーだけをやり続けているから、ハンマーがうまくいかないのです。うまくいかないときは、いったんやめてしまえばいい。別のことを探して打ち込めばいいのです。

しばらくハンマーを離れて、こういう取り組みができたおかげで、私は体も治り、すっかりリフレッシュして以前よりもより良い感覚でハンマー投げの練習に戻ることができました。

私の場合は、たまたまハンマーというスポーツを離れて、水泳というスポーツを見つけることができましたが、何もこれはスポーツに限ったことではないと思います。ほかのジャンルにいる人が、また別のジャンルに打ち込む場所を見つければ、それはまったく同じことなのです。大切なのは、一生懸命に打ち込んで上達するというそのプロセスです。そのプロセスを経ることで、この先、ほかのものにもその上達するプロセスを応用できるのです。

スポーツのいいところは、自分が上達するプロセスを教わり、体験できることです。私が水泳でそのプロセスを教わったことは、とても勉強になりました。自分の競技に戻ったときに、とても役立ったのです。これは、水泳のトップクラスのコーチに教わるチャンスがあったからでした。

私はいま、そうしたチャンスを広く一般の人たちが体験できる場を作っていきたいと思っています。高度なスポーツの実績と知識を持った人たちを全国各地に派遣して、その地域の人たちに様々なスポーツに取り組んでもらい、上達するプロセスを体験してほしいのです。

そのコーチの人材として、実は全国各地に最適な人たちがいます。それは日本に大勢いるオリンピアン、元オリンピック選手の人たちです。日本のスポーツ史において、歴代五輪に出場したオリンピアンは三〇〇〇人以上います。その中で、いまも元気にスポーツに携わることができる人と、そこに五輪候補選手だった人も加えると二〇〇〇人以上いると思います。

そういう人たちを活用して地域密着型のスポーツセンターを全国に設け、地域の人々がトップレベルのコーチにスポーツを教わる機会を作ること。これは国民にスポーツの喜びを伝え、みんなの健康を促進すると同時に、オリンピアンの雇用を生むという一挙両得の方法だと思います。

全国のスポーツの環境を向上させることと、オリンピアンの有効活用。それを各方面に働きかけ、実現に向けて進んでいきたいと思っています。

第三章　限界の超え方

「限界」の先がある

「自分で自分の限界を決めてしまうなんて、もったいない」という言葉をよく聞きます。たしかにその通りだと思います。本当はまだ限界でもなんでもないのに、自分自身で限界を決めてしまって、その先に行けない……。

私はハンマー投げという競技の性格上、現役時代は「もっと先へ」「またその先へ」ということを最後の最後まで追求し続けてきましたが、自分自身で「この辺が限界かな」と感じたことがまったくなかったわけではありません。

ただ、自分で限界だと思っていたところを超えると、「なんだ。限界なんかじゃなかったんだ」ということがわかる。そういう経験を重ねると、「いやいや、こんなところに限界はないよ。もっといけるぞ」と思えるようになってくるのです。

そして、実際にそれは限界ではなくて、乗り越えられる小さな壁でしかなかったということが後になってみるとわかる。限界などというのはそういうものであり、チャレンジをやめない限りはまだまだ超えられる可能性が十分にあるのです。

一つの試合の中でも、そういうことは何度もあります。最初は「ああ、今日はぜんぜんダメだな」と思っていても、最後には勝っているということがあります。やはり、勝負というのはどんな場合でも、終わるまでどうなるかわからないのです。

「ダメだろうな」と思っていても、最後までやらない限りはわからない。「ここで限界だな」と思っていても、終わるまでやってみないとわからないのです。

よく「室伏さんが自分の限界を超えるエネルギーはどこからくるんですか？」と質問されることがありますが、実はその答えは簡単です。それがおもしろいからやっていたのです。おもしろくて仕方ないからやめられなかったのです。

もちろん、本当のおもしろさというのは、いきなり最初からあるわけではありません。一生懸命に取り組んで上達すると、やがて壁に当たることもあります。その壁を乗り越えようとがんばることでレベルが上がり、また高度なおもしろさを発見していけるのです。

昨日の自分を今日、超える。今日の自分を明日、超える。そのためにはどうするか。それを考えて、工夫して、チャレンジする。この取り組みは、いつもわくわくするほど楽しいのです。

「もっといい方法はないかな？」

「よし、今度はあれを試してみよう」

そう思いながらトレーニングや試合に臨む毎日が楽しくてしょうがない。もしそういう方法が見つからなかったり、いいと思って試してみたのにうまくいかなかったりしたときには、それまでとはまったく違う取り組みを始める。ぜんぜん違うジャンルの人に話を聞きに行ったり、各分野で限界を超える経験をしてきた先人たちの本を読んだり話を聞いたりして、またそこからヒントをもらったりするのです。

こんなふうに手を替え品を替えでやってみて、何度も何度も挑戦していくことがおもしろくて仕方がなかったのです。こんなに楽しいのに「限界だからもうやめてしまおう」などと自分で思うわけがありません。

もしだれかに「君はもう限界だから、ここであきらめなさい」と途中で言われたとしたら、子どもから大好きなオモチャをとり上げるようなものだったはずです。それが私の正直な答えです。

だいたいにおいて、すぐに「もう限界だ」と言う人に限って、限界までやっていません。周りの人から見れば限界までやっている人のほうが、自分では「いや、まだまだ足りない」と言うものです。

私の父もそういう人でしたが、「すごくがんばっているね」と周りに言われても、「まだまだです」と本気で言える人には、それだけの可能性があるということです。「俺はもう十分にやった」という気持ちになったり、そう口に出したりしている人は、そこで成長が止まってしまいます。そこで「自分はまだまだ」と思っている人には、まだまだ新しい発見もあるし、チャンスもあるのです。

古今東西、武道の達人の中には「最強」と謳《うた》われながら、本人は「まだまだ未熟」と言い続け、死ぬまで「まだまだ」と言っていた人たちがいます。

そういう話を聞くと、「本当にそう思っていたのかな?」と疑いたくもなりますが、きっと本当にそう思っていたのでしょう。道を究めた達人というのは、そういうものなのだと思います。

「大きな船で大きな航海を」

人間には限界なんかないんだ。そのことを一〇代の私に教えてくれた強烈な人物がいました。一九九二年バルセロナ五輪ハンマー投げ金メダリストのアンドレイ・アブドゥバリエフ。当時の国籍はタジキスタン、現在はウズベキスタンに国籍を移しています。

最初に彼に会ったのは一九九三年、マニラで行われたアジア選手権でした。私が一九歳、アンドレイが二七歳。どうしても世界チャンピオンに技術を教えてもらいたくて、ダメ元で直談《じかだん》判《ぱん》すると、意外にも二つ返事でOKしてくれました。

それから、つきっきりの指導が延々と続き、練習場が閉鎖される時間になったにもかかわらず、「投げなさい」と彼は私にハンマーを投げ続けさせてくれました。会場の役員が練習を制止しようとハンマーを取り上げました。するとアンドレイは取り返して、私に投げさせました。アンドレイは「俺たちはいま、とても大事な練習をしているんだ！」と、すごい剣幕でケンカになりそうな勢いでした。それほど真剣に教えてくれたのです。

その二年後、一九九五年の世界選手権でも試合の後、再びアンドレイの特訓を受けることができました。

その大会でも優勝した世界チャンピオンから学んだのは、技術はもちろんのこと、ハングリーでなければトップになれないということでした。貪欲に技術を磨き、貪欲に記録を求め、だれよりも努力すれば、そこには限界なんてない。次の試合での目標をクリアするためには、練習のときから「今日はこの目標をクリアできるまでやる」という方針を徹底して貫き、それを日々超えていくこと。そうすれば、いつか自分もアンドレイのような選手になれるのだと。強いだけでなく、若い人、次世代の育成にも力を注げる人なのです。

当時、八三メートル台の記録を持つ世界チャンピオンが、七〇メートルをやっと超える程度の大学生に教えてくれたことは、大きな夢に向かって絶対に妥協しないでチャレンジを続けるということでした。彼は大変勝負強い選手でした。ライバルに年間一〇試合のうち九試合負けても、五輪、世界選手権など大きな試合は勝つ。追い込まれても最終六投目に逆転することもある。失敗ができない、後がないというときでもすべて出し切ることができる人でした。

その選手権の後、中京大学に来てくれたアンドレイは、練習場の道具小屋にしているコンテナの壁に、こんなロシア語の格言を書き残してくれました。

「バリショイ・カラーブリュー・バリショイ・プラバニエ（大きな船には大きな航海）」

君は、大きな船で大きな海を航海しなさい。井の中の蛙《かわず》ではいけない。世界を相手に大きな舞台で活躍する選手になりなさい。そういう意味だと思います。

そのとき、世界チャンピオンが大学生にくれた大きなメッセージを胸に刻み、私はその日からその言葉の意味を考えながらハンマー投げに取り組みました。

君は世界で戦うべき人材だから、それを磨く努力を最大限にしなさい。そう励ましてくれていると同時に、大きい船に成長して大きな航海で活躍できるようになるためには何が必要かをよく考えなさいという意味もあると私は思いました。

これからの毎日の練習は、日々、大きな船を造る作業をしているということなのだ。大きな船というのは、ただサイズが大きいだけではない。設計も準備も骨組みも土台作りも、全工程を妥協せずに造らなければ、大きな海を航海しても沈まないような大型船を造れない。そういうつもりで日々のトレーニングをしていかなければいけない。金メダリストからもらった金言を私はあれ以来、一度も忘れずに航海を続けてきました。

そして、その航海の途中にアテネ五輪の金メダルがあり、世界陸上の金メダルがあり、ロンドン五輪の銅メダルがあったのです。

苦しいトレーニングを楽しくする

目標やノルマを達成するための努力が長続きしないという人は少なくないと思います。その原因の一つに、「だれかに与えられたノルマだから」という場合があります。だれかに与えられたものだけに取り組むのは、実は最初のうちは楽なのです。しかし、それを繰り返しているうちに飽きてきます。それは自分自身の感覚ではないものだからです。

アスリートのトレーニングにおいても、だれかに与えられたノルマをこなすだけでは本当のトレーニングにはなりません。自分の感覚を信じ、自ら考えて行うのは、慣れないうちは難しいかもしれませんが、実は長続きするはずです。

そして、自分の感覚を大切にした取り組みは、たとえどんなことであっても、責任を持つことが大切なのです。だれかに強制されて嫌々やらされていることなら「つらい」「苦しい」「もうやめたい」と思うのは仕方がないけれど、自分が望んだ目標に向かって進んでいる日々の中では、自分で責任を負えば、本来、「努力は疲れる」などと思わなくてもいいはずです。アスリートのトレーニングにしても、自分が好きでやっている競技で、いい成績を上げたり優勝したりして、喜んだり、いい気持ちになったりするための途中経過なのだから、本来、ワクワク、ウキウキしながら励んでもおかしくないはずです。

ところが、実際には毎日の練習はつらく苦しいものだったり、ただ疲れてしまうだけのものだったりします。スポーツに限らず、日々の生活の中で何かに取り組もうとしても、つい三日坊主に終わってしまうこともあります。

しかし、三日坊主というのは、実は、考えようによっては、悪いことだとは限りません。むしろ「三日もできたら、たいしたものだ」とさえ言えます。三日もできれば十分。三日やってまた新たに取り組み、三日単位で取り組んでいくという方法もあります。これはどういうことか。集中を固定させないということです。集中するということは非常に大事なのですが、集中を持続させすぎるのもよくないのです。そのことについて、『兵法家伝書』の中で柳生宗矩《やぎゅうむねのり》はこう言っています。

「何事も心の一すぢにとどまりたるを病とする也。此様《この》々の病、皆心にあるなれば、此等《これら》の病をさつて心を調《ととの》ふる事也」（岩波文庫）

何事も一つのことに心がとどまりすぎるのはよくない。ずっと一カ所にとどまって集中しすぎてしまうと身も心も固まってしまい、自由自在に動くことができにくくなるということだと思います。まるで三日坊主のように、三日やったらまた三日別のことをやり、そしてまた三日と、次々と新しい三日間を行うということも大切な方法ではないでしょうか。

では、次々と変化に対応させながら集中態勢を保つ方法はないものか。そう考えた私は、ある方法を編み出しました。それが「ハンマロビクス」というトレーニングです。これは私が名付けたトレーニングですが、簡単に言えば、単なる反復運動ではなくて感覚を働かせたトレーニングです。

単純な反復運動を繰り返すだけのトレーニングはすぐに疲れてしまうけれど、そういう反復運動ではなくて、人間が持っている様々な感覚をできる限り発揮して運動する。そういうトレーニングであれば、ただ疲れるということもなく、ちょっとした遊び感覚に近い運動を取り入れて体を鍛えることができるのです。

いわゆる筋トレのメニューによくあるように、バーベルを上げ下げしたりスクワットを繰り返したり、ひたすら筋肉を鍛える練習だけではどうしても疲れやすいのです。そうではなくて、広い範囲の感覚を働かせなければできない状況にして運動する。バーベルにワイヤー付きのハンマーをぶら下げて、足腰、膝、股関節、背中の角度を崩さず、中腰の姿勢を保ちながら左右のハンマーを振り子のようにタイミングよく揺らす。シャフトの左右の端でハンマーがブラブラと揺れていても姿勢を崩さず上手にバランスを保ちながら持ち上げる。

つまり、一定の動きを繰り返すのではなく、毎回、変化する状況を感知し適応しながら揺らす運動をする。そういう毎回違った刺激のあるトレーニングであれば、新鮮な気持ちで意欲的に取り組むことができます。単調な動きを反復するだけの練習は精神的にも肉体的にも疲れやすいけれど、毎回、違う状況に対応していくのは新しい刺激があって楽しみながら筋肉を鍛え

ハンマロビクスの一例。バーベルにハンマーをぶら下げ、ランダムに揺らしながらトレーニングを行う。

Koji Murofushi et al., "Supplemental Exercises for Core Stability Which Utilize the Concept of Parametric Oscillation in the Hammer Throw", *Strength & Conditioning Journal*, August 2017, Volume 39, Issue 4, p 71-81.

られます。

言うまでもないことですが、そんなふうに楽しみながら体を鍛えるというのは、けっしてふまじめにトレーニングをしているわけではありません。音楽で言えば、譜面通りの演奏だけではなく、ジャズのアドリブのように毎回毎回、即興的に違った演奏をすることによって新たな効果や感動を生み出すというわけです。

毎回、変化するバーベルの状況や負荷に応じて自分でリズムやタイミングをはかって運動を完遂する。そうすれば、反復運動だけで「もうくたびれた」と言っていた人が、「こんなにたくさんトレーニングをしたのに、何か元気だ」と感じることができるのです。現代人は何でも細分化する傾向があり、筋肉を鍛えることとその他の感覚を鍛えるトレーニングを分けて行う傾向があります。しかし、それは間違いではないかと感じることがあります。ハンマロビクスのように筋肉と同時により多くの感覚を働かせて行うトレーニングは、筋肉を使うだけの反復運動では得られない効果があるのです。

「いい疲れ」が指標になる

そもそも、私がこうしたトレーニングを考えたのは、年齢的に肉体を酷使せずに効率的な練習で最大限の成果を上げなければならない時期に入ったからです。二九歳のときにアテネ五輪で金メダルをとり、その後、三〇代になると、徐々にケガをしやすい体になっていきます。二〇代のときと同じトレーニングを重ねて体に無理をさせてしまうと、疲労が蓄積したり故障したりしかねません。ただ単に重い負荷をかけた筋力トレーニングを若い頃と同じ数だけ反復するというのは危険が伴います。鉄を何度も曲げると金属疲労で折れてしまうのと同じことです。同じところに負荷が蓄積すると、知らず知らずのうちに大きなケガにつながることがあるのです。そういうことを防ぐにはどうするか。一点にかかっていた負荷をできるだけ全身に分散させる方法を考える必要がありました。

そこで、そうした重い負荷をかけての反復運動をしないトレーニングで成果を上げるために考え出したのが、肉体だけでなく、同時に感覚をできるだけ多く働かせる、つまり脳や中枢神経を意識したトレーニングでした。

反復運動というのは、最初のうちは慎重に丁寧にやっていても、次第に慣れて体の動きが習慣化し、同じ個所《かしょ》ばかりを使うようになってしまいます。すると、そこには本来の正しい動きとの微妙な差異が生じたりして、それが関節の摩耗や筋肉への誤った負担になってケガにつながることがあるのです。

それを防ぐためには、「この運動は反復運動だ」と体が感じてしまわない動作で、様々な身体部位を次々と意識を変えながら運動せざるを得ないようなトレーニングをすることが有効だと考えました。

そのために考案したのが、筋肉の動きと同時に感覚を働かせたトレーニングです。たとえば、バーベルにハンマーをぶら下げて揺らし、バランスを崩さないように姿勢を保ちながら運動するという「毎回一定ではない不規則な動き」を行うトレーニングです。つまり、毎回、重さやバランスを変化させて不規則な状況に自分が適応していくことで、「反復運動では得られない適応力が試されるトレーニング」になるというわけです。

少し専門的な話になりますが、人間には体性感覚といって、身体の様々な感覚が存在します。それには、皮膚が温・冷を感じる表面感覚、姿勢の制御にかかわる深部感覚があります。これは、筋肉や関節、皮膚などの体の部分部分の動きや外部情報を読みとるセンサーのようなものです。読みとって正しく認識し、今度は体の動作や反射を正しく行うように脳から全身に指令を出させる働きをします。

たとえば、斧《おの》を振り下ろして薪《まき》を割るときには、薪の位置や形状を目で見て、斧を持った手の感覚で重さを察知し、膝や腰を使って下半身のバランスを調整し、腕を振り上げて適切なスイングで振り下ろして薪を割る。

あるいはまた、その薪の材料にする丸太棒を持ち運ぶときには、目で形状を見て、手で触って重さを感じ取って、持ちやすい位置や持ち方を見つけて、全身をバランスよく使って姿勢を決め、持ち上げて足を運んで木を下ろす。こうした運動をするときに働く感覚受容体がプロプリオセプターと言われているものです。

ハンマロビクスは、そうした人間の感覚をフル稼働させながら、感覚と筋肉を同時に鍛えるやり方はないかと考えた末に生まれたトレーニングです。そのためにトレーニングの器具や道具もマシンやバーベルを持つだけでなく、丸太や石や岩なども利用するのです。自然物はマシンやバーベルと違い、左右非対称で不規則な形をしています。それを手にして持ち上げるたびに手の位置や力加減を変えなければなりません。

つまり、自分のよりしっくりする感覚を見つけ、それを働かせる持ち方や運び方を探し出して行わなくてはならず、それがトレーニングとして有効だと考えます。筋肉だけを使う反復運動ではなく、不規則な動きに対応しながら人間の感覚をできうる限り総動員させたうえで、多くの筋肉を働かせるトレーニングを行う。そうすることで、単なる反復運動で起こり得る弊害もなく、筋肉と運動感覚の両方を鍛えることができると考えています。

現役時代の終盤、たとえ二〇代の頃に比べて肉体的には低下した部分があったとしても、それをカバーしてさらに成長できる可能性がまだあると私は考えていました。それがハンマロビクスをはじめとする体性感覚を同時に鍛えることによって感覚を目覚めさせるトレーニングでした。

それが二〇一一年世界選手権金メダル、二〇一二年ロンドン五輪銅メダルという「年齢の壁」を乗り越える成績につながったのです。

そして、同時にそれは、だれもがスポーツ本来のおもしろさや、運動をする楽しさを感じながら体を鍛えることができるトレーニングでもあります。自分が思うように体を動かしたり筋肉を働かせたりする快感を得ながらトレーニングをすることができるからです。

それは、言ってみれば「いい疲れ方」のできる運動です。あまり楽しくないトレーニングをして「ああ疲れた」と感じるのではなく、「ああ気持ちいい。疲れはしたけど、なんか、いい疲れだな」と感じられる運動なのです。

「疲れ」にも質があります。「いい疲れ」というのは、いわば、全体がバランスよく疲れている状態です。人間は頭だけを使っていると神経が疲れやすいし、また体だけを使えば肉体疲労になる。どちらか片方だけではなく、両方を使うことで「いい疲れ」になるのです。

第一章でも言った通り、仕事でも、ずっとデスクワークだけをしていると疲れてくるから、体を使う仕事をする。あるいは五分でもいいから体操をする。そういうことをすると頭がスッキリしたり、いい疲れ方ができるのです。

また、体を使う運動もワンパターンになり、同じところばかり使う偏った運動になりがちです。身体の一部分だけが疲れると、疲れもとれにくいのです。体はできる限り全体をバランスよく使うこと。そして、体にも頭にも偏らないように使うことが大切なのです。片方に偏らずに、両方をやる。筋肉と感覚を片方だけでなく両方使うトレーニングのほうが疲れにくく、また、いい疲れ方ができるのです。

いい疲れ方ができると、日々の生活の質が上がっていきます。よく眠れるようになり、活動的になり、休み時間も充実します。「運動するのは気持ちいい」という快感を知って、健康につなげる。体と同時に心も元気になって、仕事や勉強や趣味も、ますます充実していければ最高です。

常識をぶち破れ

どの世界にも常識と呼ばれるものがあります。世間にも常識はあるし、スポーツの世界にも常識とされていることがあります。

しかし、その常識という固定観念が、人間の可能性を限定してしまうとしたら、そんな常識にとらわれる必要はありません。むしろ、そんな固定観念を打ち破ることで不可能が可能になっていくということは、私自身、何度も経験してきました。

たとえば、「アスリートは年齢的にピークを過ぎたら記録は伸びない」という限界説を打ち破るために考えたのが先ほど紹介したハンマロビクスというトレーニングでした。年齢的な筋力の衰えや関節機能の低下を克服するために「反復運動を繰り返せば肉体が強くなる」という固定観念を捨てて、いかに単純な反復運動をしない練習をするかという「常識的には難問とされること」にも答えを見つけることができました。

ハンマロビクスのコンセプトについてもう少し詳しく説明します。これは、従来のトレーニングの原理原則にとらわれないで、新たにトレーニング方法を考え直すことから開発したものです。従来のトレーニングの原則の中に「漸進性の原則」や「反復性の原則」などがあります。これは、漸進性の原則は、負荷をかける運動に慣れたら少しずつ負荷を上げていくというものです。これはある段階までは効果が得られますが、この考え方だけでずっと続けていくと、かならず生理学的限界がくると思います。また、反復性の原則は、運動を繰り返して行わなければトレーニング効果はないというものです。もちろん反復して運動を行うことは必要ですが、単純な反復運動を続けているだけでは同じ筋肉を繰り返し使い、メンタル的にも肉体的にもいつか限界がくるということを感じていました。そこで、それを打ち破るために開発したのがハンマロビクスです。肉体的な限界を超えて無限の可能性を探るために、前述の体性感覚を働かせて、よりその感覚を鍛え、身体をコントロールするトレーニング方法がハンマロビクスなのです。

では、ハンマロビクスのコンセプトをここで改めて整理しておきます。

① 単純な反復運動をさせない
② 不規則な動き
③ 体を慣れさせない
④ 感覚がつねに内在する運動
⑤ 即興的に対応する運動

握力や腕の筋肉を働かせる運動をする場合、ハンドグリップのようなものを握る運動を繰り返していると、次第に反射運動になって感覚が内在しなくなります。そうではなく、体性感覚を向上させるトレーニングをするのです。たとえば新聞紙を手で丸める運動を行います（一七七ページ参照）。握りつぶしていく新聞紙の形が毎回不規則なので、手や指の動きが一度たりとも同じことはないのです。そこでは、同じように手が疲れたとしても感覚が内在しているのです。こうした運動方法は第六章で詳しく解説しますが、要は、不規則な運動なので毎回、飽きることなく持続できるし、こうした感覚を駆使することで、ケガをしにくい体を作るトレーニングになるのです。

私がハンマロビクスを考案するときに考えていたのは、自分の体の中にはまだ十分に使われていない機能があるということでした。その機能の働きを高めていけば、成績はまだ伸びるはずだ。体の中でまだ眠っている神経回路を開いていけば、自分の限界を超えられる。自分の体の機能を総動員していけば、まだ記録は伸ばせる。そう思って、様々なトレーニングメニューを考え出しました。

使われていない機能や様々な感覚を動員する、より高次元の運動を目指すトレーニングは、Body Schema（身体図式）を司る上頭頂小葉を刺激します。それによって目をつぶっていても自分の足幅や位置が正確にわかったり、自分の姿勢を正確に把握できるようになり、より運動の正確性が得られるのです。

そして、ハンマロビクスの「単純な反復運動をさせない」というコンセプトに加えて、運動の負荷だけに注目せず、負荷を同じところだけにかけず、次々と変化させて行うトレーニングを考案しました。そのトレーニングの理想は、別々な体の部位に時々刻々と変化していく負荷をかけることです。

その他、深部感覚を鍛えるトレーニングとして、バーベルやハンマーのような鉄だけでなく、万物自然を師として岩や石、ゴムや木、水や空気、ありとあらゆるものを使ったトレーニングをしました。ハンマーを投げるだけでなく、投網を投げて「ものを投げる」ための理想的な体の動きも追求しました。

赤ん坊の動きがヒントになった

人間はついつい新しいものを取り入れていくことばかり考えがちですが、生まれたときに回帰し、確認することもとても大切なことだと思います。

そうしたことを追求していたある日、チェコ・プラハスクールの理学療法士コラー博士の研究に出会いました。コラー博士の理論ＤＮＳ（Dynamic Neuromuscular Stabilization）は赤ちゃんの動きをリハビリやトレーニングに活《い》かすものです。筋肉が未発達な赤ちゃんの動きや反射をヒントに、無理なく体を使うメカニズムに注目して、トレーニングに取り入れたのです。

この理論は、「赤ちゃんの発達段階の身体の反射や呼吸、動き」に注目し、日常生活のレベルで体を動かすときに、人間本来の動きに立ち返り、ケガに結びつくような動きのクセなどを修正することを目的としています。

コラー博士の研究を踏まえて考えてみると、日常生活においても、ましてや運動においても、正しい体の基本動作や呼吸、姿勢を整えることがまず大切なのだと思います。たとえば、正しい基本的姿勢ができていないのにいきなりダイエットのためにジョギングをしようとしても、無理な姿勢による弊害が起こる可能性があります。

運動をする際に正しく効率的に筋肉と体の動きを連動させることができなければ、がんばっただけの効果は見込めないばかりか、ケガに結びつく可能性さえあります。そうしたことを防ぐために、人間が本来持っている体の動きに回帰して取り組んでみることも必要だと思います。そこで、赤ちゃんが立ち上がって歩行するまでの過程で獲得する運動パターンに注目したというわけです。

赤ちゃんが生まれてから立ち上がるまでには一年ほどかかりますが、その間の赤ちゃんの動きにはプロセスがあります。仰向《あおむ》けのときは手足が同側方向の動きで、うつ伏せのときは手足の動きが対角線の形でハイハイをします。ここで注目すべきなのは、体幹回りを活動させることと寝返りです。これらの動きは筋肉の運動というよりも反射を巧みに使っています。筋力のない赤ちゃんが体幹を崩すことなく身体を動かしているのです。このような赤ちゃんの自然で無理のない動きを取り入れた運動をしていくことも必要ではないかと私は考えています。

私は選手生活の終盤は、そうした人間本来の動きをハンマー投げに活かすことを考えました。同時に体性感覚を磨いて自分が意識した通りの正しい体の動きができるように身体をコントロールするためのトレーニングを追求しました。

それを実現して、なおかつ試合で結果を出すためには、従来の常識の範囲で練習し、試合に臨むだけでは限界があります。つねに固定観念にしばられない発想と創意工夫を続けなければ世界のトップ選手とは戦えません。

そもそもハンマー投げという競技で日本人が世界と戦うためには、身体的なハンディキャップがあります。体の小さい日本人が、体の大きな外国人選手に勝つためには、彼らと同じような当たり前の練習をしているだけでは太刀打ちできません。

世界トップレベルの選手に勝つためには何が必要か。それを身につけるためにはどんなトレーニングをしなければならないのか。常識を超えて考え、固定観念を捨ててチャレンジを続けなければ活路は見出せない。私は世界を目指してハンマー投げを始めてから、ずっとその取り組みを続けてきました。

いつも創意工夫しながら練習するというのはすでに繰り返し書いている通り、実に楽しいことなのです。ありきたりの練習や、お仕着せのトレーニングをするよりも、自分で考えて自分でチャレンジするほうがよっぽどおもしろいに決まっています。

「こんなトレーニングをしているハンマー投げの選手なんて世界で俺だけだろうな」

そう思いながら練習するのは、とても楽しいことでした。

「こんな練習方法を考えた陸上選手なんて、いままでだれひとりいないだろうな」

そう思うと、どんなにハードな練習であっても、苦しくもなんともありませんでした。

「さあ、今度はどんなトレーニングをしようかな」

そう思ってワクワクする。それが私の高いモチベーションになっていったのです。

私がハンマロビクスを考案したのは、ケガをしない体を作ることも目的の一つでした。近年のアスリートがファンクショナルトレーニング（単に筋力を鍛えるのでなく、身体機能を向上させるトレーニング）に取り組むようになってきたのも、ケガ防止という観点があるように思います。これは「体育の科学」という雑誌に以前、私が寄稿した「深部感覚と運動スキル」というリポートにも書かせていただいたことですが、ここで改めて記しておきたいと思います。

ファンクショナルトレーニングとは、ただ単に筋肉だけを鍛えれば強くなるという考え方とは正反対に立ち、体の機能をよく理解して正しい動きをトレーニングによって身につけ、鍛えた体を効率よく動かせるようにしようという狙いがあります。たしかにその考え方は素晴らしいと思います。ただ、そもそもなぜ豊富なトレーニングを積んで体を鍛えているアスリートがしばしばケガをしてしまうのか。その原因はどこにあるのかを改めて見直す必要があると思います。

たとえば、現在のアスリートのケガの原因として、つねに安定した状態でしかトレーニングをしていないということが考えられます。ランニングは、天然芝や土のグラウンドではなく、ほんの小さなデコボコすらない完全に平坦なタータンのトラックや人工芝。同じパターンで一ミリも狂わずに動くマシンでのトレーニング。そうした人工的なものに依存したトレーニングを続けることによる影響も考えられます。こうした人工的で機械的な環境での運動を続けることによって、私が再三にわたって強調している体性感覚を鍛えることとは反対のことをしているようにさえ思います。それがケガに結びついている可能性があるのではないかと考えています。

そうした環境での練習ばかりではなく、デコボコのある場所や砂利道を歩いたり、海や野山を走ったり、自然を相手にトレーニングをしてみることも必要だと思います。

ときには規則性の高い環境から離れ、不規則で不安定な運動によって人間本来の体の動きや感覚を磨くトレーニングを取り入れていくことがとても大切なのです。

「練習の間違い」を見つける

つねに、よりよいトレーニング方法を追求し続けて探し当てたとしても、それで完成するわけではなく、いつも改革また改革、改良また改良の連続です。いま自分にはどんな練習が必要か。それは、毎年、毎回、日々内容が変わっていきます。年齢によっても変わるし、体調や環境によっても変わります。

試合でいい結果が出ないときは、もちろん「この練習方法は、間違っているんじゃないか」という検証が必要ですが、試合で結果が出ているからと言って、「よし、一〇〇パーセント、これでいい」というものではないのです。結果が出ても出なくても反省することが大切です。

とくにキャリアを重ねて経験値が高くなってくると、「いままでは二〇〇キロのバーベルを使って五回スクワットをやって成果が上がっていたけれど、今後は腰を痛めるリスクが高まるから、関節への負荷を減らし筋繊維に同じような刺激を与える方法を見つけよう」というふうに変わっていきます。

どの分野でもそうでしょうが、経験値が高い人は、そうやって効率のよい方法を探す能力が高くなっています。やるべきことの見極めが上手になっていて、取り組みの精度が高くなっています。そういうベテランの能力こそが、若くて勢いのある人と互角以上に戦うための武器になるのです。

たとえば、昔から日本のスポーツの練習風景でよく見かけるウサギ跳びというトレーニングは、いったい何のためにやるのかという古典的な議論があります。

「あんな運動は膝を悪くするリスクがあって、百害あって一利なしだ」

「いや、これで下半身を強化して強い選手になった人は昔からたくさんいる。ウサギ跳びというきついトレーニングをすることで精神力が養われ、試合度胸がつく」

そんなふうに、古典的な精神論を持ち出す人がいまだにいます。ウサギ跳びの是非はここでは判断をあえてしませんが、ごくシンプルでロジカルに考えるべきことだと思います。

「度胸をつけるために故障するリスクのあるトレーニングをする必要性がどこにあるのか。度胸をつけたいなら、一〇〇人の前でスピーチをさせるほうがよっぽど効果がある」

しかし、まだ若くて体力的に何でもできて、体も頑丈な人は、どれだけやったかという、トレーニングの量だけに気をとられ、自己満足にひたってしまうことがあります。「こんなにきつぃトレーニングをやり切った」という満足感を得たり、精神的な支えにしたりするのでしょうが、自己満足だけでは向上できません。

当たり前のことですが、まだまだ若いからといって、ケガのリスクがあるトレーニングをしていいはずはないし、効率のよいトレーニングをしなくていいわけもありません。無駄な負荷をかけないで同じ効果が得られるトレーニングがあれば、年齢に関係なくそれを行うべきです。自分がいま何をやるべきかを見極めることがベテランに負けないぐらいできる若手がいたら、これほど将来有望な人はいないと思います。

そして、私は、自分の経験から若い人たちにもそのことを伝え、若いときからそういう力を身につける方法を知ってほしいと思っています。この本の執筆の目的の一つは、まさにそういうことでもあるのです。

二〇一六年六月の日本陸上選手権を最後に私は現役を引退しました。

「室伏広治には限界なんかない。まだまだ現役でハンマーを投げ続けるものだと思っていました。でもやっぱり室伏さんにも、こういう日が来るんですね」

四一歳までハンマーを投げ続けた私に、そう言ってくれた人たちがいました。

しかし、私だって生身の人間です。いくら限界を超えると言ってみても、本当の体力の限界は、いつか必ずやってきます。だからこそ、そういう日が向こうからやってこない限り、自分のほうから限界を口にすることはない。そう思ってチャレンジを続けてきたのです。

人間には、いつか必ず、いやがおうでも肉体的な限界が訪れます。でも、まだ本当にそうなるまでは、やろうと思えばいくらでもできるはずです。「やりたくてもできない」というのは限界かもしれないけれど、「やりたくないからもうやめる」というのは、けっして限界ではありません。

もうこれ以上は本当に無理なのか？　それは、とことんやってみてからでなければ、わかりっこないのです。

一度でもいいから超えてみる

そもそも私はハンマー投げの選手として体格的には恵まれていたわけではありません。世界のトップレベルの選手に比べれば体格は圧倒的に劣っています。私が五輪に出られるような選手になるとはだれも思っていなかったし、ましてや金メダルをとれるような選手に私がなれるとは父でさえ思ってもいないことでした。

「広治は世界のハンマー投げ選手と比較すれば体格的に素質があるほうではない。ただし、瞬発力が優れているし、ハンマーを投げるための理想的な体の動きをする能力は高い。これを磨けば本人の記録を伸ばしていくことはできるだろう。世界的な舞台でどこまで伸びるかはまったくの未知数」

それが父の見方でした。私自身も七〇メートルの壁を超えることさえ最初は無理だと思っていたくらいでした。当時の日本では父と父のライバルだった石田義久先生の二人しか七〇メートルを超えていません。それぐらい厚い壁だったのです。

私は大学生のとき、「もうこれ以上できない」と思うところまでがんばっても六六メートルぐらいから先は一向に伸びませんでした。「これが限界かな」という思いがよぎりました。ところが、とうとう七〇メートルを超えることができた。すると、超えた瞬間に、もっと上を目指して取り組もうという気持ちになったのです。「そうか。ここは限界じゃないかもしれない」というのが自分でわかったのです。

そして、次の壁、父の日本記録を破り七六メートル六五を出したときにも、もっと上を目指そうという明確な目的が見えてきました。その後も壁はあったけれど、なんとか八〇メートルを超えることができました。

しかしそれは、一度、超えることができたからこそ「次」、その「次」と目標を見出すことができたのです。七〇メートルでさえ「無理だ。もうこれが限界だ」と思っていたあのときの自分に「こんなのは限界なんかじゃない。八〇メートルだって無理じゃないんだぞ」と言ったところで「そんなの、無理に決まってるだろ」と思うでしょう。

まだその段階にいた頃は「どんなにがんばっても、父の日本記録あたりが限界だろうな」という思いもありました。それが、七〇メートルの壁を超え、七五メートル九六という日本記録の壁を超えてきたから、次の八〇メートルが見え、その先に世界のトップという目標に向かっていこうという勇気が湧いてくるのです。

それは、ただ単純に「なんとなくまだ先がありそうだな」というふうに見えてくるのではありません。その壁をクリアすると、次の課題が見えてくるのです。「ここまではこうやって到達できた。でも、このままではここ止まりだ。この新たな課題をクリアできれば、次の壁を超えられるのではないか」ということが自分自身でわかるのです。それが「また一つ超える」ときに見えてくることなのです。

私たちはわずかな可能性があればやってみようとチャレンジできます。これは、できるかできないかわからないけれど、そんなことはどうでもよくて、チャレンジすること自体が楽しい、目の前に課題があることが有難いのです。

私は「一回、超えてみたら、またがんばれる」という経験をすることができました。もし、その一回を経験する前にあきらめていたら、その次は何も見えなかったはずです。つまり、「一度でもいいから超えてみる」ということが必要なのだと思います。そうすることで人間は自然と成長していくのでしょう。

第四章　ゴールへのアプローチを最適化する

目的と目標を定めて最短の軌道を描け

あなたの目標は何ですか？　そして、その目的は何ですか？　そう聞かれて、明確に答えられなければ、何事も成し遂げることはできないというのが、私の基本的な考え方です。

社会人であれ、学生であれ、アスリートであれ、いまどういう目標に向かって日々を生きているかによって、その成果は大きく異なります。しっかりと目標設定ができている人は、目標達成に向かって日々、確実に前進していけます。

しかし、目標設定が曖昧な人は、たとえ目の前のことにまじめに取り組んでいるとしても、毎日漠然と過ごして漠然とした結果が現れるという繰り返しに終わってしまいます。

アスリートであれば、明確な戦略・戦術を持ち、目標に向かって取り組むことが大切です。

ビジネスマンであれば「うまく儲《もう》かればいいな」と漠然と思っている人と「なんとしても売り上げを二倍にするためにはどうするべきか」と考えている人では目標設定がまったく違い、その結果も大きく違ってくるでしょう。

かねてから私の座右の銘の一つに、「目的と目標を定めて最短の軌道を描け」という言葉があります。軍事学者のクラウゼヴィッツやリデル・ハートの考えを取り入れたものです。

明確な目標を設定し、一切の無駄を省いて最適ルートで目標に到達する。人間には、時間に限りがあり、エネルギーにも限りがあります。自分が掲げた目標や目的を成し遂げるためには、無駄なく最短でたどり着くことが大切なのです。社会人であれば仕事を成し遂げるために、学生であれば勉強やスポーツにおける目的を成し遂げるために、限られた時間とエネルギーをいかに無駄にせず、最短の軌道で向かっていくかが重要なのです。

私の場合は、選手生活の後半は年齢的な肉体の衰えをいかに補って勝つかというのが重要なテーマでしたから、無駄なトレーニングや過度な負荷をかけることは命取りになりかねません。目標達成のための方向性をつねに正しく見極めて、無駄のない道を最短で進んでいかなければなりません。

そこでは、「勝つ」「優勝する」という目標とはまた別に「正しい動きを追求したい」「最適なフォームを身につけよう」「人類がだれもやったことがない技を身につけたい」という目的が大切でした。その目的・目標に向かうことによって、「室伏はピークを過ぎた」という周囲の声を吹き飛ばすこともできる。

年齢的な限界や肉体的な限界という従来の常識を覆すようなパフォーマンスを発揮することも目的の一つです。その目的を達成できれば、必然的に「年齢的なハンデ」など感じる間もなく若い選手にも勝てる可能性が生まれ、メダルに手が届くのです。

その目的・目標を定めた取り組みによって、若い頃の無我夢中でトレーニングを繰り返していた日々よりも、楽しくて充実した選手生活を送ることができたと思います。日々、やるべきこととやりたいことが合致しているのを感じられたし、ハンマー投げがより一層、おもしろくなりました。その結果が、二〇一一年の世界選手権での投擲種目金メダルの最高齢記録であり、ロンドン五輪での陸上競技メダル獲得最高齢記録でした。

そして、二〇一六年に現役を引退してからは、大学で研究やアスリートへのトレーニングプログラムを指導する一方、二〇二〇年東京オリンピック・パラリンピック組織委員会の仕事もしています。そうした職務にあたって最良の成果を上げていくためには何が大切か。実は、そこでも競技で成果を出すのと同様「目的と目標を定めて最短の軌道を描く」ことが重要なのだということを日増しに実感しています。

それはつまり、スポーツの世界でメダルを獲得するために大事なことと、仕事や学びの世界で成果を上げるために必要なことは、共通するものがたくさんあるということなのです。

いかにして自分の目的に到達するか。いま自分が立っている地点から、どういう軌道を描いて進むべきか。私は何事に取り組むときにも、つねにそれを考えていました。「この道は本当に最適なのか？　この道は本当に最短なのか？」をいつでも自問自答してきました。そのことについて、孫子の兵法のなかに「遠近の計」というものがあります。「一見、遠回りに思えるが、実は最短で目的に到達できることがある」という教えです。

そうした考え方を理解するのに適した最速降下曲線を示した図があります（九三ページ）。A地点からB地点にボールを転がして降下させた場合、最速でゴールするのは、次の三つのルートのうちどれかという問題です。①A地点からB地点まで直線で結んだルートを降下する。②A地点からB地点まで二次関数曲線を描くルートを降下する。③A地点からB地点までサイクロイド曲線を描くルートを降下する。その答えは③のサイクロイド曲線のルートです。

サイクロイド曲線とは、数学では「円が直線上を滑らずに転がるとき、その円周上の定点が描く軌跡」ということですが、物理では「最速降下曲線」とも呼ばれるように、図のようにA

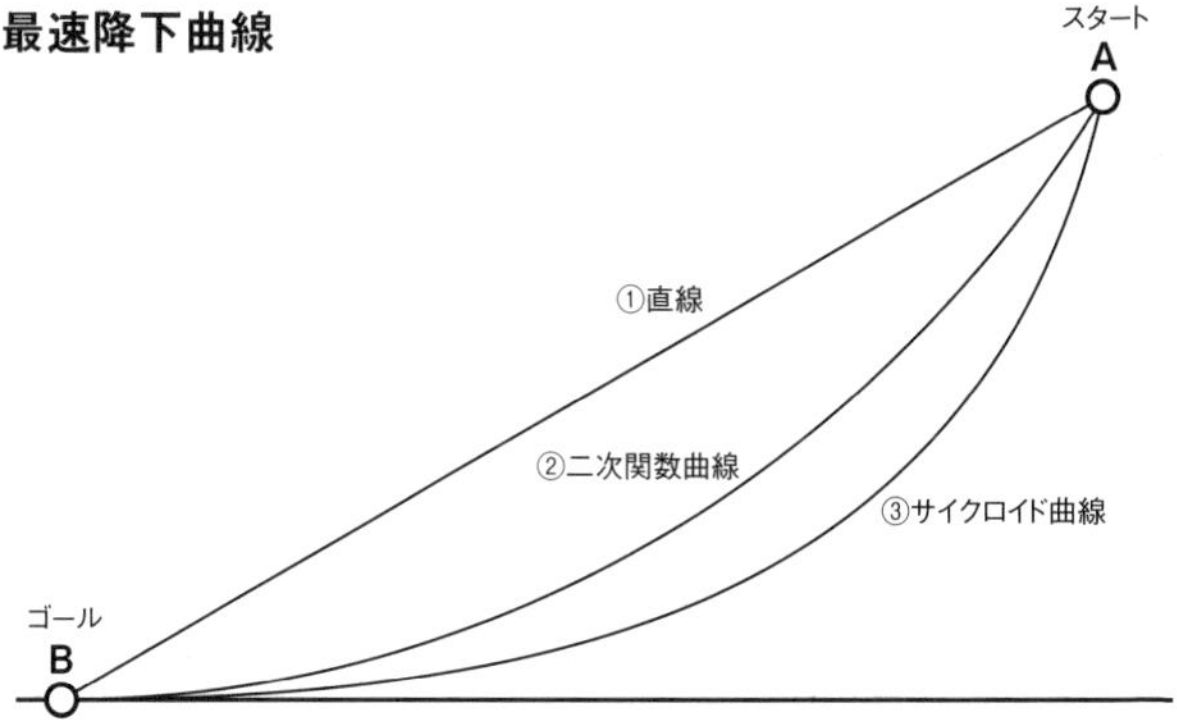

地点からB地点まで転がしたボールが最速で到達する曲線という意味もあります。まさに孫子が言うように、遠回りに見える道が最短で目的に到達する道だというわけです。これは、私が目的・目標を定め最短の軌道を描こうとするときに大変参考になる考え方の一つですが、距離的な要素だけでなく、環境や状況によって時間や空間も考慮して、何が最適なのかを追求することが大切なのではないかと考えさせられます。

目標と目的をはき違えてはいけない

目標を設定し、その目標を達成するために、一番大切なのはモチベーションです。だれしも目標を設定して、取り組みを開始した当初は高いモチベーションがあるのですが、それを維持していくのは簡単ではありません。

そこで、モチベーションを途中で失ってしまわないようにするための一つの方法は、最初の目標設定は、あまり高すぎないようにすることです。いきなりハードルが高いところに目標を設定すると、早々に挫折してしまいかねません。最初は「もうちょっとがんばれば達成できそうだな」というところに設定しておいて、まずそこをクリアする。そして、「じゃあ、次はもう少し高くしよう」ということを重ねていきながら徐々にステップアップしていく。そうできれば、すぐに息苦しくなったり進歩が止まって限界を感じてしまったりしないと思います。

そうした段階的に進んでいくという考え方は、「なんとしても最初から高い目標を掲げ、そこに向かって邁進《まいしん》したい」という場合でも、基本的には同じです。目標設定としては、短期的目標、中期的目標、長期的目標を段階的に達成しながら前に進んでいって、最終的には高い目標に到達するというわけです。

そして、最終的な目標を達成するべくモチベーションを維持していくために、私がもっとも大切だと考えているのは、「目標と目的をはき違えない」ということです。

「目的」と「目標」は、しばしば混同されることがありますが、別々のものです。この二つは「これから自分が目指すもの」という意味では同じですが、明らかな違いがあります。目的とは、最終的に実現しようとしている事柄であり、目標とは、その目的のために当面、実現させるべき事柄です。

たとえば、私の場合は「金メダルをとること」は当面の大きな目標ではありましたが、私の人生において最終的に実現したい事柄は、金メダルのもっとその先にありました。

もっと具体的に話しましょう。私が目的と目標の違いを改めて痛感したのは、二〇一一年六月に宮城県石巻市の中学校を訪れたときのことでした。その年の三月一一日に東日本大震災が発生し、日本中の人たちが「被災地のために自分は何ができるだろうか」と真剣に考えている中で、私たちも「アスリートとして何かできることはあるだろうか?」とそれぞれに思い悩んでいました。そんなときに二〇〇〇年から陸上教室を開催しており、交流のあった石巻の地元の方々から声をかけていただき、「石巻の中学生と一緒にスポーツをしよう」という試みがありました。

現地に行くまでの間、私は本当にこの企画が被災者のためになることなのかどうか不安でした。家族や友だちを亡くしたり、自分の家をなくした子どもたちに向かって「大丈夫?」などと口が裂けても言えないし、「元気を出して」などと簡単に言えるものではありません。そういう子どもたちのところに行って、一緒に体育の授業をしたり、リレーをしたりすることに、どれほどの意味があるのだろうという思いもありました。

しかし、実際に子どもたちに会って触れ合ってみて、「やっぱり来てよかった」と思いました。最初はお互いに緊張していたけれど、一緒にスポーツをして体を動かしていると、子どもたちの顔には汗とともに笑顔が飛び出してくるのです。すると、お互いにたくさん言葉を交わすようになって、グラウンド中に笑い声が響き、大きな声援も上がり、みんなとても打ち解けることができました。

「スポーツには、私たちが思っている以上に力があるんだな」

私はそう実感しました。

このとき、私は自分自身では思ってもみなかったことですが、子どもたちとこんな約束をしたのです。

「僕は再来月の世界陸上で金メダルをとります。必ずメダルを持って、ここに帰ってきます。だから、みんなもがんばって！」

それは、一日中、子どもたちと一緒にスポーツをした私の心の中から子どもたちに向かって溢れ出した素直な思いだったという気がします。

そのとき三六歳だった室伏広治というハンマー投げの選手を客観的に見れば、「すでにピークを過ぎて、もうメダルは無理だろう」という状況にあったと思います。私自身も、そのときまでは、世界選手権に出場はするけれども「メダルをとる」などと公言するつもりは、まったくありませんでした。それが思いもかけず「室伏、石巻の中学生に金メダルを力強く約束！」と翌日の新聞にも載るようなことを言ってしまい、正直なところ、「これは、まいったな」と思いました。

しかし、子どもたちに宣言した以上、私は金メダルを目標に戦う覚悟を決めました。金メダルをとってみせることで、石巻の子どもたちを喜ばせてあげたい。少しでも勇気を与えてあげたい。そう思ったのです。

つまり、アスリートとして金メダルをとるということは、私の目標であって、目的ではありません。金メダルをとって子どもたちに勇気を届けたいというのが目的であって、金メダルそのものは、大事な目的を果たすための当面の目標なのです。いわば、金メダルは子どもたちに元気を与えるための手段なのです。

そして、その世界選手権で、私は金メダルを獲得し、子どもたちにメダルを見せるため石巻に帰りました。子どもたちは大喜びしてくれました。私自身も、いままでのどのメダルよりもうれしかった。子どもたちとの約束を果たせてよかった。子どもたちが、たとえこの瞬間だけであってもこんなに笑顔いっぱいになって本当によかったと思いました。

この金メダルは、子どもたちとの出会いがなければ、けっして獲得できなかったはずです。金メダルをとることを目的にしていたら目的は達成できなかったと思います。もしあのとき、「金メダル」という目標と「被災地に勇気を届けたい」という目的をはき違えていたら、あの試合の結果は違っていたでしょう。「石巻の子どもたちのために」という思いがあったからこそ、困難に打ち勝って本番まで最高のトレーニングを積むことができて、試合でもベストパフォーマンスを発揮することができたのです。

その翌年、ロンドン五輪で銅メダルを獲得した直後にも、メダルを見せに石巻に帰りました。それは、北京五輪でメダルを逃し、故障も経験した私にとって、「復活」を示したメダルでもありました。それが、「被災地に復活のメッセージを届けたい」という私の目的を果たすための「メダルという目標」だったことは言うまでもありません。

こうしてみると、目標を達成し、目的を成し遂げるためのモチベーションというものは「私はこれを成功させたい」という自分だけの思いよりも「だれかのために」という思いがあるほうが、より強いエネルギーを得られると言えるのかもしれません。

「圧倒的な練習量」は勝利の条件ではない

「それは何のためのトレーニングなのか？」「これは何を目的にした練習なのか？」

私はそれをつねに考えて練習に取り組んできました。

何のための練習なのか明確ではないことは決して行わないようにする一方で、理由と根拠が明らかなトレーニングは、どんなに苦しくても全力でやり遂げることが大切なのです。

私は現役時代、どういうトレーニングを行うべきかを決めるにあたって、専門知識と経験の豊富な方々のアドバイスを取り入れながら、一つ一つのトレーニングの目的と根拠をよく理解したうえで取り組みを始めました。そうすることによって、厳しい練習も自信を持って全力でやり遂げることができるし、より上達が早くなります。たとえ過酷な練習に励んでいても、その理由と根拠をよく理解しないまま行っていたのでは目標を達成するのは難しいと思います。

そうした理由や根拠を本当の意味で理解するためには、頭と身体の両方で理解することが大切です。理論的なことを理解し、自分で実践して、それがやがては確信につながっていくのです。その際、一生懸命に全力で取り組むべきなのは言うまでもありませんが、ときには、ある程度の遊び心を持ってチャレンジしてみることも必要になってくると思います。心の余裕があるときのほうが、新しいアイデアが生まれるからです。

こうした取り組みを自分なりに考えながら続けていると、自分にとってどういうトレーニングが必要で、どういうトレーニングは不要かという判断ができるようになっていきます。それは、いくつもの成功と失敗を繰り返しながら会得していくものだと思います。

そして、トレーニングには、量的な問題も重要です。練習量は、どこまでやるのが効果的で、どこからはオーバーワークになってしまうのかを的確に把握しておかなければいけない。やりすぎるのは無駄な時間を費やすだけでなく、故障につながりかねません。

実は、アスリートのトレーニングの失敗というのは、試合直前に余分な練習をしてしまうことが原因である場合が多いのです。アスリートはだれしも勝ちたいから一生懸命にたくさん練習するけれど、何をどれだけやればいいかをよく理解しないまま、むやみに延々と続けてしまいがちです。それで疲労が重なりケガにつながってしまうことがあるのです。

とくに瞬発力を要する競技の試合での失敗の原因は、試合直前の練習量のコントロールにあります。試合直前に不安になり、練習量を落とすことができず、筋力を鍛えるトレーニングを続けて十分に筋肉にバネを溜《た》めることができないまま試合の日を迎える。また、最大筋力を一気に発揮するような瞬発的な競技では、無理をすると突発的なケガが起こりやすいのです。

オリンピックの選手村に入り、練習会場に行くと、自分よりも強そうなライバルが自分よりも重いバーベルを挙げていたり、より多く練習している姿を見たりします。すると、「自分は弱いのではないのか。もう少しやらなければならないのでは……」と思い、ついつい計画していた練習量を超えてしまうのです。けれども、チャレンジするのは試合においてであり、試合直前はチャレンジすべきときではありません。どれだけ練習で成績が良くても評価はされません。精神的な影響は肉体的にも大きな影響を及ぼします。それをいかにコントロールするかが大変重要なのです。こうした問題は、精神主義的な風潮が、いまなおアスリートたちのなかに残っていることにも起因しているのかもしれません（このことについては、第五章でHay is in the barnという言葉に触れながら改めて説明します）。

アスリートはだれしも毎日トレーニングをして、毎回の試合に臨んでいるのだから、トレーニングの質と量については、それぞれの経験から「これぐらいやればいい」ということをまったく知らないわけではありません。自分のコンディションについても当然、体で知っているのだから、「ちょっと疲れているな」とか「まだやれるな」という感覚がない人はいません。それでも、ついついやりすぎて失敗してしまうのはなぜか。それは、みんな不安があるからです。とくに、ここ一番の大きな試合ほど不安は襲ってきます。

「十分やったつもりだけど、やっぱりこれじゃあまだ足りないんじゃないか」

「もっとやらなければ勝てないんじゃないか」

そう思ってしまう。だから、アスリートの敗戦後の反省には「あそこで休んでおけばよかった」ということのほうが「もっとやっておけばよかった」ということよりも多いのです。

スポーツ以外の分野でもそうでしょうが、日本のスポーツ界には「昔からこうやってきたから、こうやっている」とか「みんながこうやっているから自分もやる」「上の人に〝こうしなさい〟と言われたから、こうやる」ということがたくさんあります。

しかし、それでは、何のためにどういう練習をするのかということがよくわからないまま苦しいトレーニングを続けることになります。

だれかに言われるままにキツいトレーニングをやらされている人と、練習の意義と目的を理解して自分でトレーニングの方法や分量を決めて実行している人では、どちらが強くなるかは自明のことです。にもかかわらず、日本のスポーツシーンに不合理な猛練習がなくならないのは、「これだけ練習したんだから負けるわけがないと思えるまで練習しろ」という科学的根拠に乏しい精神主義的な風潮が、いまなお残っているからでしょう。

私の場合は、父という科学的かつ合理的なコーチが身近にいたおかげで、かなり早い時期から合理的に練習することの重要性を理解しながら進んでいくことができました。

中学生になって、初めて陸上部に入ったときには、こういうことがありました。私が入部した陸上部の練習では、日本中の運動部の定番である「一〇〇メートルダッシュ×一〇本」というようなメニューがありました。練習でくたくたになって家に帰って父にその話をすると、こう言われました。

「一〇〇メートル走は大きな瞬発力を要する競技。真剣に全力で走ったら、二本も走れば立ち上がれないほど疲れるものだ。そんな一〇本も二〇本も走れるというのは、どうせどこかで手を抜いて走っているんだろうから、ただ疲れるだけで何の意味もない」

こういった父の考えもあり、私はスポーツ選手として幼い頃から目的を明確にし、いかにして正しい方向に運動するべきかを、立ち止まって自ら考える力を養える環境にあったのだと思います。このときの父の指摘には、合理的なトレーニングの重要性と年齢的な身体の発育と発達に応じたトレーニングの必要性が含まれていたのです。

私は競技者生活を続けるうえで、こうしたトレーニングの質と量の問題は、つねに重要課題の一つにしていました。とくに競技者生活の終盤は年齢的な問題から、練習のやりすぎは絶対に許されませんでした。いかに無駄なく合理的に効果的なトレーニングをしてパフォーマンスを高めていくか。つまり、練習そのものの中でも「目的と目標を定めて最短の軌道を描く」ということを考え、研究し、実践することが不可欠だったのです。

それはベテランのアスリートに限らず、若きアスリートでも実はとても大切なことです。さらに言えば、どんな仕事であっても同じことが言えます。「これは何のためにやっているのか」という目的と手段が正しいかどうかを理解していなければ、せっかく努力をしても、あまり効果が望めません。「最短の軌道を描こう」という意識がなければ、どんなに一生懸命にやっても、延々、遠回りをしてしまいかねません。

たとえば、会社の帰りや休日にジムに行ってトレーニングをしている人がたくさんいますが、せっかくお金と時間を費やしても、「何のためにどういうトレーニングをするか」ということを理解しないまま、ただやっている場合があります。

もちろん、ジムで汗を流すことは、それだけでも十分に意味のあることです。「ストレス解消のために、体を動かして汗を流すだけで十分」というのも悪くありません。ただし、「健康のため」「シェイプアップのため」「ゴルフの飛距離をもっと伸ばしたいから」というふうに目的がある場合は、より効果が得られるように「そのためにはこうしたほうがいい」ということを理解してから取り組めば、格段に早く明らかな成果が現れます。

本書では、そういう目的のためには、日頃、どういう運動をすればいいかということも、第六章で紹介していきます。ジムや運動場に行く時間がないときに、オフィスや家や通勤途中など身近な場所で手軽にできる運動をすることで、健康な体作りやシェイプアップに活かしてほしいと思っています。

健康のためのトレーニングもアスリートのトレーニングも「目的と目標を定めて最短の軌道を描く」という私の基本的な考え方は同じです。

だれしも一日の時間は限られているのだから、トレーニングに割く時間も限られています。せっかく貴重な時間を費やしてやる以上、より成果をあげる方法を知っておくべきだと思います。

ハンマー投げのトレーニングを例にあげると、ただ筋トレを繰り返して筋肉だけつけて、見た目が立派な体になっても何の意味もありません。ハンマーを一センチでも遠くに投げるためには、どういうトレーニングが必要か。どの筋肉をどういうふうに鍛えればハンマー投げに必要なパワーとスピードを得られるか。科学的な根拠をもとにトレーニングをしなければ成果の乏しい練習になってしまいます。

運動生理学者のA・V・ヒルが明らかにしたように、人間の運動時の筋肉の働きには、「筋肉の力が大きいときは速度が少なくて、速度が大きいときは力が少ない」という、力と速度が反比例する特徴があります。筋肉の収縮力は、収縮速度と密接な関係があります。大きな力を出したいときは、動きは遅いが力の大きい、臀部《でんぶ》などの大きな筋肉を使います。その際は、大きな筋肉を先に働かせるために手や腕などの小さな筋肉をできるだけ使わないような姿勢をとることが大切です。弱い筋肉は最後の最後まで使わずとっておくことが大切です。

これをハンマー投げに当てはめると、「力×スピード＝パワー」という方程式で筋肉を働かせなければいけません。具体的には、最初に体とハンマーを回転させるときは重心を低くして大きな力を出す必要がありますが、最後のほうでハンマーを振り切って目標とする方向に飛ばすときには力よりもスピードが先行します。つまり、ハンマーを持ってからハンマーを投げるまでの間に「力」から「速度」にシフトする必要があるのです。

こうした科学的根拠を踏まえれば、ハンマーをより遠くに投げるためには、どういうトレーニングが必要かが明確になってきます。回転運動を開始するときの力をより強くするためのトレーニングはより大きな筋肉を働かせるスクワットなどが有効であり、回転の途中で働かせる筋肉を鍛えるためには、軽めのバーベルを引き上げるトレーニングが必要であり、最後に最大限にスピードを加速して投げるためには瞬発力を鍛えるジャンプなどのトレーニングが必要です。

それぞれの運動にとって、どういうトレーニングが必要であるかという知識を備え、各スポーツの特徴を理解していれば、それぞれの運動のモードに適したトレーニングを当てはめていくのは難しいことではありません。しかし、「力」のモードから「スピード」のモードに変化させるための切り替えの仕方などについては、まだ十分に研究が進んでいないと思います。それは、動きと動きをつなぐ部分については、想像と感覚にゆだねられている現状があるからだと考えられます。この研究を進めていくことは、今後の課題の一つだと思っています。

相乗効果を生む複数の目標設定

アスリートとして現役だった頃から、私は同時に複数のことに取り組んでいました。ハンマー投げの選手として練習し、試合に出場すること。大学の講師として教壇に上がること。スポーツ科学の研究者として研究を進めること。選手生活の後半は、主にその三つに取り組んでいました。

「オリンピックを目指しながら、そんなにたくさんのことを抱えて大変でしょう」とよく言われましたが、むしろ逆でした。いろいろな仕事を同時にやっているからこそ、長く競技者として現役を続けられたと思います。

毎日毎日、競技生活だけに打ち込んで、ずっと記録や勝ち負けだけを目標にしていると、メンタル的に追い込まれて余裕がなくなってくることがあります。ハンマー投げを追求し、身も心も一つのことに集中しすぎるあまり、どうしても行き詰まってくることがあるのです。

それが、複数の仕事をもって複数の目標・目的を持つようにすると、それぞれの場所でいつも新鮮な気持ちで仕事に取り組むことができます。つねにいろいろな新しい発見があり、それをそれぞれの場所にフィードバックして活かしていくこともできます。

ずっと同じところにいて、ちょっとつらくなったり調子が出なかったりしたとき、逃げ場所というわけではありませんが、エネルギーの方向性を変えるのは、気分転換にもなるし、どの仕事にとってもいい影響がありました。

そもそも私は大学教授という職務に就く前から、ハンマー投げの選手としてのトレーニングを続けるにあたって、まったくハンマー投げとは違うスポーツのトレーニングをすることも大切だと考えていました。武道の道場に通って稽古に励んだり、第二章でも紹介した通り、水泳のコーチについてプールで毎日泳いだりしたこともあります。

私自身、もともといろいろな競技に興味があるということもありますが、ハンマー投げ以外のスポーツやトレーニングをするたびに新たな発見や気づきがあるということを知れば知るほど、「次は、あれをやってみよう」ということが出てきます。

そのどれもが、新鮮で楽しいのです。スポーツのおもしろさというのは、こんなにたくさんあるのかということが、やればやるほどわかってきて、結局はハンマー投げの楽しさを再発見するためにも役に立つことになります。

誤解がないように少し詳しく触れると、そもそもそうやってほかのスポーツの練習に出かけていくのは、ハンマー投げがいやになったからではないのです。小さな故障や不調が原因でハンマーを手にできないからというときもありますが、あえてちょっとハンマー投げから離れてみようと思うときもあります。近いうちに必ずハンマー投げに戻ってくるのだから、いっとき武者修行に出てみればいいのです。早くハンマーを投げたいと思うようになったら戻ってくればいいのです。

いずれにせよ、そうやってハンマー投げから距離を置いてみることは、必ずハンマー投げそのものにとって大きなプラスになる。そういうことを実感として知っているので、時間と都合が許す限り、別の場所で別のスポーツを積極的にやっていました。

現役時代から研究者としてスポーツ科学の研究に打ち込むようになったのは、ゆくゆく現役を引退したら大学の講師や研究者の道に進もうという自分の進路志望から始めたことでした。

しかし、「将来のため」と思って始めた研究が、実は現役のアスリートである自分にとって非常に大きなプラスになりました。それは、研究を進めていくうちにアスリートとしての自分を客観的に見られるようになったことでした。選手として一生懸命に練習したり試合に出場したりしているだけでは見えなかったことが見えてきたのです。

「自分を客観視する」とか「自分を俯瞰《ふかん》で見る」というのはよく言われることですが、いったんアスリートのフィールドから離れて研究活動に打ち込むことで、これほどはっきりと自分自身のことが見えるというのは驚くべきことでした。

アスリートにとって、いいコーチに恵まれて客観的なアドバイスをもらうことができるのは最高のことですが、それだけでなく、自分自身の中にそういう存在がもう一人いれば、なおさら力強い味方がいるということになります。そのときの経験と気づきは、いま選手を指導する立場になって非常に役に立っています。

私にとって、現役選手と研究者を同時に経験できたことは、さらに両者のことがよくわかる貴重な時間でした。

研究者としてスポーツ科学を勉強する機会を与えていただくことで、ほかの研究者と交流する機会に恵まれました。そうすると、かねがね興味を持っていた競技はもちろん、あまり馴染みのなかったスポーツやほかの分野についてもスポーツ科学というアプローチで勉強することができます。机上の理論でなく、実際に各分野の専門家やトップアスリートに話を聞かせてもらったり、指導を受けたりというチャンスもあります。

たとえば、スキーのジャンプの選手に跳躍について詳しく動きを教わったり、メダリストをたくさん育てている水泳のコーチに選手が上達するプロセスを解説してもらったり、そういう新たな知見を得ることで、つねづね自分が疑問に思っていたことが理解できたり、改めて頭が整理できたりしていきます。つまり、ハンマー投げの選手である室伏広治が、このあと、フィールドに戻ったら何をするべきかが鮮明に見えてくるようになるのです。

一度、自分の居場所から離れて自分を見直してみること。そして、そこで新たに気づいたことや再発見したことを再び自分の居場所に戻って取り入れること。それは、どんな分野でも大切なことだと思います。ましてや「スポーツ（Sport）」の本来の意味は、「気分転換」なのです。

どんな仕事でもどんな職場でも、同時にできる複数のことを見つけて、可能な限りそれらを行き来する。そこには必ず自分をリフレッシュできるチャンスがある。そこには必ず新たな自分を発見するチャンスがあるはずです。

自分を客観視するのは苦しい修行

自分を客観的に見ることができるようになると、調子がいいときの自分と調子が悪いときの自分の違いがよくわかるようになります。

サボっているわけでもないし、やる気がなくなったわけでもないのに調子が落ちてきた。これまで通りがんばっているのに、なぜか調子が出ない。そういう、いわばスランプ状態のときに「いいときの自分と比べて、どこが違うか」を自分自身で見つけられれば、改善できるはずです。

つまり、自分のどこが悪いのかが見えればスランプ状態から自力で脱出する方法を見つけられるというわけです。

スランプになる原因というのは様々あると思いますが、自分でスランプを脱出するために真っ先にやるべきことは一つしかありません。それが「いまの自分を客観的に見直す」ということです。

スランプでもがいている人は一生懸命にそこから抜け出そうとして、身も心も必死にがんばっているはずです。それなのに、なかなか抜け出せず、「こんなにがんばっているのにどうしてうまくいかないんだ」と憤りさえ覚えます。

しかし、それは「自分はちゃんとやっているんだから、ちゃんと結果が出るはずだ」という主観的な考えなのです。「いままではこうやってうまくいっていたのだから、うまくいかないのはおかしい」という自己肯定に終始しているのです。

いままでの成功体験がある人であればあるほど、そう思い込みがちです。しかし、現にスランプ状態になっているのだから、何かしら自分に問題がある。何かしらこの取り組み方には改善すべき点がある。そうであれば、主観的な自己肯定ばかりするのではなく、やはり第一に客観的に自分を見つめ直してみるべきなのです。

実は、その作業は口で言うほど簡単なことではありません。自分の欠点と向き合わなければならないからです。だれしも自己愛を持っているから、そうやって自分と向き合い、自分の弱点を見つめ直すのはつらいのです。

自分の欠点を認めるのは、とてもきついことです。自分の欠点を自分に突きつけるということは、できれば避けて通りたい。自己否定につながりかねないことをわざわざ自分に仕向けたい人などいないのです。

自分の欠点を認めて、それをどうやって改善するか。自分の弱点を克服しようと努めるのは、肉体的な苦しさよりもさらにつらいはずです。しかし、それを乗り越えなければ新たな自分は出てこないのです。

「過ちて改めざる。これを過ちという」

これは私が常日頃、大切にしている孔子の『論語』にある言葉です。「過ちがあるのに改めないことこそ過ちである」というシンプルで強い戒めです。

「過ちそのものは仕方ない。過ちは改めればそれでよいのだ」。まず感知して、自分で気づき、改善する。この孔子の言葉こそ、スランプ脱出の極意だと思います。過ちに気づいて改め、このスランプを脱出すれば、きっともう一回り成長した自分に出会えるはずです。そのためにも、まず、客観的に自分を見つめることが大事なのです。

私自身、何度か壁にぶち当たったときに、それを乗り越えるためには自分を客観的に見つめ直すことなしには先に進めませんでした。コーチである父から教わったことの中で、もっとも私が大切にしてきたことは、まさに自分を客観的に見ることでした。

けれどもそれは、父が私に対して「自分を客観的に見つめなさい」と口で教えたわけではありません。私の父は、日常生活はともかく、コーチと選手という関係性においては、けっしてあれこれ細々と教え込もうとするタイプの指導者ではありませんでした。余計なことは言わず、黙って見守って、必要最低限のことだけを言う。指導者には「教える指導」と「教えない指導」の両方が必要だということを熟知しているコーチでした。

父は私がハンマー投げを始めたときから引退するまで、ずっと私がハンマーを投げる姿をビデオに撮り続けていました。現役の後半は、父が私に教えるべきことは、もうほとんどなかったかもしれませんが、それでも引退する最後の日まで、私にカメラを向けていました。

それはきっと「自分を客観的に見る目を養いなさい」という父の強いメッセージだったと思っています。口ではそう言われたことがないけれど、初めてハンマーを手にした日から引退まで、雨の日も風の日も私を撮り続けていたのは、その映像を私が見たときに、必ず私自身が気づくことがあると確信していたからだと思います。

「練習は裏切らない」のは本当か?

どんなにがんばってトレーニングをしても、それが正しいトレーニングでなければ、けっしていい結果は生まれません。それどころか、毎日毎日、必死でトレーニングを続けても、それが間違ったものであれば、どんどん結果が悪化していくことさえあります。

スポーツの世界には「練習は裏切らない」「努力はウソをつかない」という格言があります

が、それこそがウソだと私は思っています。残念ながら、ときに、練習は、ウソをつくのです。

私はコーチである父の教えのなかから、「練習は裏切ることがある」ということを学びとりました。実は父が、私のハンマー投げをビデオに撮り続けていたのは、練習や努力への過信を防ぐためでもあったのです。

父は自分自身の現役時代の経験から、自分がハンマーを投げている映像を見るのがもっとも重要であることをだれよりもよく知っていました。それは、若い頃に、こういう苦い経験があったからです。

父は二三歳という伸び盛りの時期に迎えた一九六八年メキシコ五輪を大きな目標にしていました。ところが、その選考会が近づいてきた頃、大スランプに陥ってしまいました。これでは五輪に出られなくなってしまうと思い、猛練習を始めました。一日、三〇〇本、ハンマーを投げ込んだのです。一般的には五〇本でも多いぐらいだというのに、朝六時から夕方六時まで、一人で黙々と三〇〇本。ハンマーを投げては自分で取りに行き、サークルに持ち帰っては、また投げる。その合間に家から持って行ったパンと牛乳を口にする時間以外、延々、投げ続けたのです。

毎日毎日、これほどまでハードな練習をしたというのに、父の記録はまったく伸びませんでした。それを打開するために、さらに猛練習を重ねると、記録は停滞したまま伸びないばかりか、逆にどんどん悪くなっていきました。

一生懸命やればやるほど悪くなる。もう何をどうやったらいいのかわからなくなってしまった父は、自分のフォームを8ミリカメラに収めることに糸口を見つけようとしました。当時、まだビデオカメラはなくて、撮ってすぐにビデオを再生するなどということはできる時代ではありません。8ミリカメラですら貴重品です。借りてきたカメラで撮影して、その8ミリフィルムを現像に出すと一～二週間も待たなければなりませんでした。仕上がってきたフィルムを映写機で見て、父は驚きました。

「なんというひどいフォームなんだ！」

父は、すべての練習を中止して、まず何よりも自分のフォームを根本的に直すことから始めました。練習量は、あえてごく少なめにして、フォームの改善だけを心掛けていったのです。その結果、フォームは良くなり、また記録が伸びていくようになっていき、日本記録も出しました。

あのとき、悪いフォームで猛練習を続けてしまい、「練習は裏切る」という教訓を得た父は、日本で初めて七〇メートルを突破してメキシコ五輪に出場できなかった屈辱を晴らし、一九七二年ミュンヘン五輪に出場。それ以降、アジアでは一度も負けることなく、一九七六年モントリオール五輪、一九八四年ロサンゼルス五輪に出場しました。

父の失敗から学ぶべきことは、やはり目的と目標を定めて最適で最短な軌道を描くための練習をするということです。

練習は、ただ一生懸命にやればいいというものではありません。練習には、逆効果となることもあるのです。そう断言してもいいほど、「何のために何をどのようにどれぐらいやるべきか」を正しく見定めて練習することが大切なのです。

どんなに努力をしても、それが正しい方向への努力でなければ、努力が報われないだけでなく、余計に悪い結果を招いてしまうことがあるのです。そんな残酷なことにならないためには、自分を客観的に見る目が必要です。

それは、アスリートであれば、ビデオで自分のフォームをチェックすることであり、コーチや第三者の意見に耳を傾けることです。そして、つねに「この努力の方向性は間違っていないか」を自問自答しながら進んでいくことです。その点は、スポーツ以外の分野でもまったく同じことが言えると思います。

私たちがいま立っているこの時代は、とても恵まれています。私の父は手間暇かけて8ミリフィルムを見ていました。それがいまはスマートフォンのビデオカメラで手軽にリアルタイムで見ることができます。さらに、いま私たちは、ジャイロセンサーや地磁気センサーや加速度計を使ってフォームを検証する取り組みもしています。ハンマーの回転を加速していったときの音を調べて、それを最適なフォームづくりにフィードバックするという研究もしています。

こうやって、いままではアスリートやコーチの経験則と感覚だけでやっていたことを新時代のデバイスを使うことによって解析していけば、さらに科学的かつ合理的なトレーニングを見出していけるはずです。

不易流行。

私が自分自身のモチベーションを保つために、大切にしている言葉です。不易。つまり、いつまでも変わらない本質的なもの。流行。つまり、その時々によって変化するもの。すなわち、不易流行とは、いつまでも変わらぬ本質的なものの中に新しいものを取り入れていくということです。ずっと揺るがぬ正道や王道であっても、時代とともに改革してさらに高めていく。

父が試行錯誤の末にたどり着いた「室伏重信のハンマー投げの本質論」があって、その次の時代の私が見出してきたハンマー投げの研究や理論があって、さらに次の世代がまた新たなものをそこに取り入れて高い目的と目標に向かっていく。日本のハンマー投げもスポーツ界も、少しでも発展していってもらいたいと思います。

反抗期に学んだ重要なこと

練習方法は改革の連続。取り組み方も改良の連続。それができなければ、いつか必ず壁にぶち当たります。「これでうまくいっていたんだから、このままでいいはずだ」と思っていると、あるとき、伸び悩んでしまうことがあります。私の場合は大学二年生のときに、初めてそういう経験をしました。

高校一年生のときから本格的にハンマー投げを始めた私は、最初から県で高校のトップレベルの記録を出すことができました。小学生の頃、遊びでハンマーを投げた経験が生きていたのでしょう。その当時、そばで見ていた父が、幼い子どもに危険がないようにハンマー投げの基本を手ほどきしてくれたことで、いわゆるゴールデンエイジに正しい体の使い方を覚えたのだと思います。

高校二年生になるとインターハイや国体で優勝したり、高校記録を出したりするようになって、自他ともに「室伏広治はハンマー投げの選手としての能力がある」という評価の中で、父の在籍する中京大学に入学しました。つまり、父と私は名実ともに師弟関係になったのです。

父は親として子どもに何かを強制する人ではなかったし、コーチとしても選手に指導を押し付けることなどしない人です。つねに科学的で合理的な指導で、選手の自主性を尊重し、静かに見守る。「指導者は、何を言うかではなく、何を言わないかが大事」という考えで、基本的には必要最低限のアドバイスだけするというスタンスでした。

私に対してもほかの選手と同様に接し、息子だからといって、とくに厳しくすることもないし、もちろん甘やかすということもありません。ほかの選手を指導するのとまったく同じに、「この選手が伸びるためには何が必要か」を見極めつつも、あれこれ口うるさいことは言わず、選手自身が考え、気づき、成長できるような環境を与えようとしていました。

ところが、私は、そんな父の最低限のアドバイスさえ耳に入らなくなっていました。この年齢で迎えるのが早いのか遅いのか、反抗期です。高校時代、順調に成績を伸ばしてきたことで、自分自身、自信もあったのでしょう。コーチである父の言葉は、すべて撥《は》ねつけるようになっていました。父になど教わらなくても、自分で自分の記録を伸ばしてみせるという思いもありました。

しかし、そうやっているうちに、あるとき、まったく成績が伸びなくなってしまいました。「こんなはずではない。高校時代、こうやって記録を出したのに、なぜうまくいかないんだろう」

練習量を増やそうが、あれこれと自分でトレーニング方法を考えて取り組もうが、さっぱり結果が出ないのです。大学二年生で迎えた日本陸上選手権では、高校時代の記録を下回ってしまったほどでした。

そこで、私は父のアドバイスを聞いてみることにしました。父は私が反発するようになってからも、静かに私の練習や試合を見守り続けていました。父なりの答えはきっと持っているはずだから、私が聞きに行けば、きっと何か教えてくれるだろうと思ったのです。

「何でもかんでも撥ねのけないで、まず聞くだけ聞いてみて、いいと思ったら取り入れればいいし、そう思わなかったらやらなければいい。やってみてダメだったら、〝ぜんぜん違うじゃないか〟と、あとで言えばいいんだから、とにかくまず聞き入れて、やってみよう」

私はこのとき、「人の話に耳を傾ける」という人として大切なことを思い知りました。父のアドバイスに耳を傾けたことで、私の成績は改善していったのですが、それはハンマー投げの技術や体力や練習方法といった問題ではなく、自分を見つめ直して人の話を聞くということでした。技よりも姿勢を改善するということが必要だったのです。

国文学者の中西進先生と「コーチング・クリニック」という雑誌で対談したときに、こういう話を教えていただきました。

「耳というのは、もともと〝実々〟から来ています。つまり、聞くことこそ最高に価値がある行為なのです」

耳で人の話をよく聞くということ。その大切さが中西先生のお話でさらに深く理解できました。ちなみに「老子の名は〝耳《じ》〟」だということも、このとき初めて知りました。

それにしても、結局、「いいことは取り入れて、ダメなことはやらなければいい」と思って聞いた父のアドバイスは、すべていいことばかりでした。

自分が正しいと思ったことでも、間違っていることはある。

人の話に耳を傾けられなくなったら成長が止まる。

この二つは、それ以降、ずっと私自身の教訓として残り続けています。

よいアドバイスをもらえる選手になる

父をはじめ、私は現役の間中、多くの素晴らしいコーチの方々と出会うことができました。

直接、ハンマー投げの指導をしてくださったコーチの方々はもちろんのこと、ほかの競技の専門家でありながら私にとって重要なアドバイスをくださった方々、あるいはスポーツ医学や運動生理学を研究している先生方、さらにはスポーツ以外の分野で活躍している方々から教えていただいたことも、ハンマー投げの重要なヒントになりました。そのどれもがアスリートたる私の血肉となり、そのどれかが一つ欠けても、いまの私はなかったと断言できます。

そうして私の財産となった事柄を私だけの宝物にしておくのではなく、そのエッセンスをこれから多くの人たちに伝えていきたいと思っています。

私が父のアドバイスを聞き入れられなかった時期に案の定、伸び悩んでしまい、聞く耳を持てるようになって記録が伸び始めたときの教訓は、「自分で考えて工夫して成長していくことが大前提ではあるが、いろいろな人の様々なアドバイスを聞くことは、自分で考えて工夫するために不可欠なことだ」ということでした。

私がそれ以降、国内外の多くのコーチや先輩から指導を受けることができたのは、父がその重要性を教えてくれたからです。もし父が「黙って俺の指導だけを受けていればいいんだ。よそで教わる必要はない」というコーチで、私を抱え込むようなことをしていたら、私は世界のトップ選手の仲間入りができるような選手にはなれなかったはずです。

父は自分自身の試行錯誤によって、アジアのハンマー投げの第一人者として長く活躍した選手でしたが、世界の厚い壁をだれよりも強く実感した人でした。私が父の実績を超えて世界のトップ選手たちと戦うためには、そういう選手たちの中に積極的に入っていって、もっといろいろな人たちから多くのことを学んだり、様々な経験をしたりするべきだということを知っていたのでしょう。

ハンマー投げであれほかの競技であれ、あるいはスポーツ以外の分野であれ、「正解はたった一つ」とは限らないことも少なくないと思います。あるいは「長年の常識では、これがいいとされてきたけれど、それ以外の方法もありえる」ということもたくさんあるはずです。

たとえば、ハンマー投げの場合、回転運動をするときの軸足は、左回りなら左足線上にあるのがいいとされてきました。私も父からそう教わってやっていたし、「軸を右足線上にすると、軸がブレて体の傾きが生じてしまう」と考えていました。

しかし、二〇〇四年アテネ五輪に向けて指導を受けたスチュワート・トーガー氏は「軸は右足線上にあるべきだ」という指導をされました。実際にできるようになるのに数カ月かかりましたが、いままでにない新しい動きができるようになったのです。つまり、右左どちらか一方だけが正解なのではなく、どちらも知ることが大切なのです。そこで得たのは、「チャレンジする前から決めつけては真実に近づけない。正解は常識の中にだけあるのではない」ということでした。トーガーコーチのことをハンマー仙人と呼んでもよいくらい、氏の教えは私にとって「目からウロコ」でした。

たしかに経験がまだ浅い選手であれば、いいコーチのもとで「正しい」基本を学ぶことは必要です。しかし、そうして基本を会得して自分なりの創意工夫ができるようになったら、様々なやり方にチャレンジして自分なりの答えを見つけることも大切なのです。

では、その「いいコーチ」とはどういう人か。いいメンターとは果たしてどういうものなのか。それは、その選手がコーチというものに何を求めるのかでも違ってくるし、そのコーチがどういう理念のもとにどういう指導をする人なのかによって、相性も違えば成果も変わってきます。

そして、指導する人と指導を受ける人が、マンツーマンで「教える・教わる」というケースではない場合、たとえば会社などの組織で、指導的立場にある人や先輩たちが複数いて、その人たちからいろいろなことを教わるという場合には、「この人にはこれを教わって、あの人にはあれを教えてもらいたい」ということもあると思います。

つまり、どういう人に何を教わるべきかは、いろいろなケースがあるはずだということです。だれしも得意不得意もあれば、向き不向きもあります。なんでも万能、オールマイティーという人は少ないと思います。たとえば会社でも、技術的なことを教えるのが上手な人もいれば、精神的なことを教えるのが得意な人もいる。数字に強い人もいればコンピュータに詳しい人もいるし、社内の人間関係について上手に教えてくれる人もいる。みんなそれぞれの専門分野があって、様々なことを指導してくれる人たちがいる。そういう中で、だれに何を教わるべきかということを見定めていくこともまた指導を受ける側には大切だと思います。

私の競技人生には二つのピークがありました。それが、二〇〇四年のアテネ五輪金メダルと二〇一二年ロンドン五輪銅メダルでした。その二つは、それぞれ乗り越えるべきチャレンジがありました。二〇〇四年アテネでは心理的なテーマ。二〇一二年ロンドンでは体のコンディションというテーマです。肉体的な衰えをコンディショニングによってどう克服するか。それがもっとも大きなテーマでした。

そして、それを乗り越えるために私は二〇一一年の世界陸上、二〇一二年ロンドン五輪に向けて、「チームコウジ」という専門家を集めたチームを作りました。技術面をサポートしてくれるテクニカルコーチ、フィジカル面をサポートしてくれるコーチ、体のメンテナンスをサポートしてくれる理学療法士というそれぞれのエキスパートに協力してもらって、世界選手権や五輪に向かっていこうというチームです。

もちろん目標を定めるのは私自身ですが、その目標達成のための計画や方向性をスタッフみんなで共有して目標に向かう。これほど心強いチームはありませんでした。この世界陸上とロンドン五輪で成果を上げることができたのは、チームコウジの存在があればこそだったのです。

自分自身の立ち位置を確認する方法

自分で自分がよく見えている人は、どんなときでも強いと思います。アスリートには、いいコーチやスタッフに恵まれたり、よきチームメイトに支えられたりしていても、最終的には自分の力で戦わなければいけません。最後は孤独な戦いなのです。だからこそ、自分が見えていることが大事なのです。

「いま自分はどういう精神状態にあるのか」ということを知るための方法を日頃からいくつか持っておくことは大切です。

たとえば、私は試合中、靴のひもを結び直したり、グローブや包帯をほどき、再び巻き付けるということをやりました。

いつもの行為を行うことで、ふだん通りに気持ちを落ち着かせ、冷静さを確認するのです。こうした小さな作業で自分の状態をチェックすることができます。どうしても冷静さを欠いているときなどには、もう一度軽くウォーミングアップをし直してみるとか、心を静かにするための呼吸法を実践したりしました。この呼吸法については、前述の通りです。

　スポーツであれ仕事や勉強であれ、ここでしっかり結果を出さなければいけないというときは、スキルや実力以上にメンタル面の影響が大きいときがあります。そういうときに、自分の精神状態を測ったり整えたりするのがなぜ難しいのかと言えば、目に見えないものだからです。鏡を見て「顔が赤いな」とか「鳥肌が立っている」というように明らかに見えることもありますが、たいていは見た目にはわからない。そこで、自分の日常的な動作を行い、チェックするのです。

　一方、練習においては、自分の状態を把握して頭を整理するために、目に見えないものをあえて見えるようにすることで、少し安心できたりチェックできたりするような試みをしていたことがありました。

「自分はいま、どれぐらいがんばっているんだろう。自分は本当にこのままで大丈夫なのだろうか？」

　そんなふうに思ったときの答えなんて、実は簡単には見当たりません。トレーニング日誌を克明につけていたとしても、そこには文字や数字が並んでいるだけで、目に見えると言えば目に見えるけれど、もっとわかりやすい目印がほしい。そこで、私はアメリカで練習をしていたとき、こんな幼稚な「目に見える成果」を練習場の壁につけていました。

ハンマー投げは試合のときも練習のときも、手が滑らないように滑り止めを塗ります。チューブに入っているペースト状の滑り止めをその都度、少しずつ出して手に塗るのです。このペーストを練習場の壁に毎日、少しずつ塗り付けていきました。昨日、塗り付けたペーストの隣に今日またプチュッと出してペタンと壁に塗り付け、明日またその隣に塗り付ける。それを来る日も来る日も続けていると、壁一面、ズラッとペーストのスタンプが並んでいくのです。

「ああ、俺はこれだけの回数練習してきたのか。次の大会まではあとこのぐらいだな」

そんなふうに目に見える印をつけて確認をすることが励みになったのです。自分はここまでどういうふうに歩いてきて、いまどこにいて、どこに向かって歩こうとしているのか。それがこの壁に表れていたのです。それを眺めながら自分の位置を確認して、自分を納得させていたというわけです。

だれしも一生懸命に目標に向かっている最中は、自分の位置を客観的に見たくてもなかなか確認できません。それをこういう幼稚なやり方でもいいから自分の一助にする。そんな方法もあるのです。

なかなか肉眼では見えないものを何とかしてイメージしようという試みは試合の中でもよく

やりました。

ハンマー投げは、直径二・一三五メートルのサークルから三四・九二度の角度で扇形に広がっていく「セクターライン」の内側に入るようにハンマーを投げて、より遠くを目指す競技です。

私は試合が始まる前、会場に早めに入って、必ずやっていたことがあります。試合で私が投げるハンマーは今日、どの方向に投げると一番遠くへ放物線を描けるのかという自分の感覚を確認することを試合前のルーティンの一つにしていました。それは、自分が投げたハンマーが飛ぶ軌道をイメージして、その軌道の通りに自分の足で実際に歩いてみることです。その行為を私は「自分の感覚で空間を作り上げる」と呼んでいました。その手順は、こうです。まずサークルに立って、自分がどの方向にどういう軌道でハンマーを投げるかをイメージします。そのとき、薄目を開けて軌道をイメージすると同時に、本来のセクターラインとは別に、自分の感覚でセクターラインを思い描くのです。それが、自分の感覚で作る空間のベースになります。そして、自分の感覚を空間として作るためにハンマーが飛んで行く方向に向かって薄目のまま歩いていきます。自分自身が感覚する方向へ歩いていきながら、本来あるセクターラインを無視して、自分の感覚による左右のセクターラインを実感するのです。そうやって私が歩いているセクターラインの形をスタッフのだれかに見てもらっておいて、実際に投げるときに、そのラインを意識して一番距離が深いところを狙うのです。

これが「自分の感覚で空間を作り上げる」ということなのです。そのとき、自分の感覚で思い描いた通りのラインで投げると、実際に試合本番で投げたときも到達する。そう思っていました。

ハンマーが飛んで行く軌道を描くためにフィールドの空間を自分の頭の中に作り上げるという私の作業は、きっとゴルフをする人たちはよくわかると思います。ボールを一〇〇ヤード、二〇〇ヤード先の自分の狙ったところに打つ前に、ボールが飛んで行く軌道をイメージして、その通りに打てる人であればあるほど上級者です。プロゴルファーであれば、むしろそのイメージなしにはボールを打つことは難しいと思います。

風とコースの状況で、どんなスイングをして、どういう軌道で、どこにボールを運ぶか。それをしっかりイメージして、その通りにボールを打つ。そのために事前に、現在ボールがある地点からボールを運ぶ先の地点までの間を実際に歩いてみながら軌道をイメージする。私の薄目を開けての歩行は、それに近いかもしれません。

つまり、そうやって試合前にハンマーが飛ぶラインを自分で歩きながら描き、自分の頭の中に空間を作ることで、本番でハンマーが飛んで行く軌道が把握しやすくなるのです。たとえば、歩いたときに八〇メートル先の真ん中やや右寄りの地点に飛んで行くラインが見えていれば、本番でもその軌道を描いてその地点にハンマーが届く。歩いてみたときに八二メートル先の真ん中やや左寄りの地点に飛んで行くラインがイメージできたときは、試合でもその通りに飛んで行って、思い描いた地点にハンマーが到達するというわけです。

毎試合、歩くたびにハンマーの軌道を描くイメージは変わってきます。その時々の自分の状態、フィールドの状態、天候、様々な要素で変わることがありますが、いったんイメージできれば、あとはそれを実際の試合で再現するだけなのです。

この自分の空間感覚を引き出して自分の空間を作るトレーニングは、客観的に目に見えるものと自分が感覚としてとらえていることを両方とも知って、それを合致させるためにやっていたことです。これもまた自分で自分が見えること、自分の状態と周囲の状態を知って実践することの一つなのです。

第五章　「自然体」が一番強い

タフでなければ世界では戦えない

二〇〇〇年シドニー五輪に出場して以来、アテネ五輪、北京五輪、ロンドン五輪と四大会連続で選手として参加させていただきました。そして、二〇一六年リオデジャネイロ五輪では東京オリンピック・パラリンピック組織委員会の一人として、現地に入りました。来る二〇二〇年の東京五輪を成功させるための視察もありましたが、選手とは違う立場で五輪の会場に立ってみて、様々なことが見えました。

とくに、つい最近まで現役選手だった者として強く感じたのは、五輪で勝つためには、たくましくなければいけないということでした。それはアスリートとしてのたくましさや強さの前に、人間としてタフであるかどうかということです。選手として優秀な成績を引っさげて乗り込んできたからといって、それだけでは五輪で勝てないのです。

リオ五輪は大会前から設備や環境面で不安視されていましたが、実際、そういうところも見受けられましたし、会場や運営にも不備がありました。

しかし、もしそこに何か想定外の状況があったとしても、力を発揮しなければなりません。そういう中でも本来の実力を出し切って勝つためには、たくましさがなければいけないのです。

そういう面では、日本という国は、来日した人たちにストレスを与えるような不安は少ないでしょう。東京五輪については、海外の選手たちは心配していません。インフラにしろ環境や治安にしろ、あらゆる面で、しっかりしているからです。

まじめで、何事も正確に運営しようとするのが国民性である日本では、電車も時間通りきっちり動くし、道路を走るバスやタクシーも安全で便利です。街中には外国人観光客に対する配慮がなされていて、彼らに不便や不安を感じさせるようなことなど、ほとんど見当たりません。

大会運営にしても五輪開催はもちろん、多くの国際大会を経験しているので、「日本は大丈夫」と海外の人たちは口々に言います。

ところが、そういう恵まれた環境に慣れている日本人は、そうではない環境に置かれると、とたんに戸惑ってしまうのです。たとえば、リオに行くと、言葉が通じない、食事が口に合わない、気候の変化が大きい、スムーズに移動できない、競技スケジュールが突然に変わってしまう、しかも、コミュニケーションがうまくとれず交渉もできない……。そういうことが一つまた一つと重なっていくと、アスリートはストレスを感じてしまいます。

リオ五輪で不本意な成績に終わった選手の中には、技術や体力が足りなかったのではなく、こうした環境に適応できなかったために力を出し切れなかった人も少なくありません。自分自身、それに気づいていない選手も多いのです。

もちろんほかの国の選手の中にも、同じ問題で苦しんだ人たちがいたと思いますが、日本人選手は、日本という恵まれた環境に慣れすぎてしまって、海外に出たときの環境の変化に適応する能力が不足しているのかもしれません。

アスリートの国際大会に限らず、多くの日本人は、旅行や仕事で海外に出かけて帰ってきたとき、「日本は恵まれているなあ」と感じたことがあると思います。私たちは、まず「日本人はとても恵まれているけれど、これは当たり前のことではない」と知っておくべきです。自分が置かれている状況が当たり前だと思ってはいけないのです。こんなふうに、さしたる不安もなく生活しているのは、とても恵まれていることなのです。

そのうえで、私は、いつも自分にこう言い聞かせるようにしています。

「もし、いまの暮らしの中から何かが欠けてしまったとしても、大きなストレスやダメージを受けずに生きていけるように心掛けよう。そして、いまの環境への感謝の気持ちを忘れないようにしよう」

日本という恵まれた国で暮らし、アスリートとして生きてこられたことに感謝して、その恩返しをしていきたいと思っています。

世界中のアスリートに五輪のチャンスを

私は、リオ五輪に東京オリンピック・パラリンピック組織委員会の一員という立場で会場に入りました。そのリオ五輪の中で、もっとも感動的だったのは、五輪に史上初めて「難民選手団」が参加し、彼らが開会式で行進している姿を目にしたことです。

いま世界には約六五〇〇万人の難民がいます。その中にはアスリートの素質のある若者もたくさんいるはずです。もし彼らに五輪選手たちと同じような環境で練習させてあげることができたら、立派に出場資格を獲得できたのではないか。だったら、難民のアスリートにも同じチャンスが与えられるべきだ。

そういう趣旨のもとに、難民のアスリートたちに練習場所を提供し、受け入れ先を探して競技生活ができる環境を作るべく立ち上がったのが、ケニア出身の元女子マラソン選手テグラ・ロルーペさんをリーダーとする難民選手団の支援者たちでした。

そして、一〇人のアスリートたちが難民選手団として五輪の旗の下、開会式に参加し、試合に出場し、閉会式に参加しました。トップアスリートだけでなく、世界のすべての若者にチャンスを与える素晴らしい取り組みだったと思います。

五輪が、世界中のスポーツを愛する人たちに、できるだけ多くのチャンスを与える場所であり続けてほしいと願っています。世界各国のアスリートやスポーツ関係者が「自分たちの環境さえよければそれでいい」という考えでは、スポーツの発展はないと思います。私たちスポーツ関係者は、つねに、スポーツが社会に貢献できるように、積極的に取り組むべきなのです。そして、五輪や各競技団体は、世界中のアスリートにチャンスが広がるように手を差しのべる使命があると思います。

どんな状況も積極的に受け止める

常日頃恵まれた環境で競技生活を送っている日本の選手が、海外の大会でどんな環境に置かれても力を発揮できるようにするためには、どういう対策が必要なのでしょうか。

私自身、現役時代には、様々な国で練習や試合をする機会を得ました。中には、マイナス二〇度の極寒の地でトレーニングをしたこともありました。若いときには、ある程度厳しい環境で行うことも必要なのかもしれません。どんな環境に置かれてもストレスを感じないたくましさを身につけることも大切だと思います。

そうした環境の変化にあまり左右されないようになるためには、その状態をあるがままに受け入れることだと思います。気負わず、抗わず、自分が置かれた状況の中で精一杯やることです。

どんな場所でもそうできるようになるためには、日頃からどこに行っても馴染むようにしておくのです。どんな土地に行っても、どんな気候であっても、どんな天気になっても、どんな人たちに会っても、まず受け入れようとし、馴染もうとする。そういう努力をふだんの生活から続けていれば、どの国のどんな大会に行っても、だんだん馴染めるようになってくるのです。

ハンマー投げの選手は、日本国内の大会だけでは試合数も少ないし、世界のトップレベルを目指そうと思ったら、ハンマー投げの盛んなヨーロッパをはじめとする海外に出ていくしかありません。

そうやって海外の様々な試合を転戦する武者修行の旅に出ると、環境の変化はもちろんのこと、ハプニングが絶えません。事前にエントリーして遠くから駆け付けたのに、試合当日に「君の名前はない。出場は認められない」と言われて、大慌てで交渉したこともありました。大会日程や試合会場が急に変更されることなど日常茶飯でした。

大会当日の運営にしても、雨が降ってきて「しばらく中断」という主催者の発表を聞いて宿に戻ったら、雨の中で急に再開されることになったり、会場に戻ったら中止になっていたり、競技の順番が突然に変わっていたり、いつも何が起こるかまったくわかりませんでした。

そんなときに、「え？　聞いてないよ！」と、いちいち動揺したり怒ったりしていたらきりがありません。

「この国では、そんなこともあるのか。おもしろいなあ」

そう思って、すべて積極的に受け入れるしかありませんでした。「そんなの理不尽だ。それは納得できない」とか「こんなんじゃやってられない」などと言っていたら、「やってられないならやらないで結構。じゃあね。バイバイ」と笑顔で手を振られて終わりです。

ところ変われば品変わる。自分のやり方や価値観を基準にものを考えていると不平不満やストレスになってしまいます。しかし、日頃から、どんな状況にも対応できるような訓練をして準備をしておけば、自分の中の拒絶反応はだんだん起こらなくなっていくのです。

海外で競技を続けながらこういう経験を重ねていくと、「世界は広いなあ」と感心し、「いま置かれた状況の中でベストな方法は何か」を見つけていくのが楽しくなっていきました。

「さあ、この状況をどうやって楽しもうか」

そう自然に思えるようになっていきました。言ってみれば、どんなときでも自然体でいられるようになっていったのです。

競技環境や試合状況には、予想外のことが起こる場合もあります。そうした状況を自分なりにコントロールして合わせていく能力も必要なことなのです。そして、もし失敗することがあっても、そこには、かならず何か得るものがあると思います。

私の好きな荘子の言葉に「虚室生白《きょしつしょうはく》」というものがあります。

「何もなくなった部屋に光が差し込んで明るくなる」という意味です。何もなくなってしまったときこそ、本当に大切なものに気がつくという意味でもあると思います。何もうまくいかない、何も自分には残っていないという絶望感に襲われたときに、ふと窓に目をやると、実は光が差していることに気がついたということだと思います。一生懸命に取り組んだ結果、すべて失ったと思ったけれど、そこには、まったく違う素晴らしい発見があるということです。

全力を出したことがない人ほど余計な力が入る

大事な場面になると、いつも肩に力が入りすぎて失敗する。ついつい余計な力が入ってしまう。よくそういう人がいます。

「どうすれば、うまく肩の力を抜くことができるのでしょうか？」

実は「余計な力が入ってしまう」という人の中には、本当に全力を出したことがない人が多いのです。本人は全力を出しているつもりでも、まだ出し切れていない。まだ本当に全力を出したことがない人は、どう力を抜けばいいのかわからないのです。力を入れたことがなければ力の抜き方はわからないのです。

それは筋力的な意味でも精神的な意味でも同じです。一度でも本気で全力を出したことがある人は、次にやるときは、「どこの力が必要で、どこの力を少し抜いたほうがいいか」を感覚的につかんでいます。「これ以上無駄な力を入れると空回りする」とか「ここは力を抑えて、こっちにもっと力を入れたほうがいい」というのが、経験上わかっているのです。

私はハンマーを投げるとき、自分の体を一つのチームとして考えていました。筋肉の部分部分にそれぞれの役割分担があって、お互いに支え合って体全体を動かしているのです。

たとえば、回転中、体の姿勢を維持する筋肉もあれば、加速するときに大きなパワーを生み出す筋肉もあります。三〇〇キロを超えるワイヤー張力に耐える筋肉もあるし、リリースするときに働く筋肉もある。関節を動かす筋肉もあれば、関節を支える筋肉もあります。そうした筋肉の使い方も、ギューッと伸ばして伸張性収縮をさせる使い方もあれば、短縮性収縮をさせる使い方もある。そういうそれぞれの働きを「筋肉のチームワーク」で最大限に発揮させるために、あるときは緊張させ、あるときはリラックスさせ、あるときは鍛え、あるときは休ませて全身を使う。そのための指令を出すのが、チームの「監督」である私の脳なのです。

その脳という監督は、そうした筋肉への指令を出すとともに、脳自身の働きをマネジメントしなければいけません。たとえば、「今日は、ほどよくリラックスできているな」とか「今日はちょっと緊張しすぎているぞ」ということを察知して、上手にコントロールしてやらなければいけません。

とくに五輪のように四年に一度しかない大会は、「もしここでダメなら次のチャンスは四年後までない」と思えば、だれしも緊張します。口では「五輪を楽しんできます」と言ってみても、やはりプレッシャーはあるのです。そんなときは、どう自分をコントロールしていけばいいのでしょうか。

リオ五輪のゴルフ競技にアメリカ代表として出場したプロゴルファー、バッバ・ワトソンは「五輪というのは、こんなに緊張するものだったのか」と驚いていました。

リオの選手村に入ったばかりのワトソンは、いかにも楽しそうにしていました。各国のトップアスリートたちと写真を撮ったり、選手村の中をまるでディズニーランドに初めて来た子どものようにはしゃぎまわっている様子を自分のブログで紹介したり、心から五輪を楽しんでいるようでした。

しかし、いざ試合になると、そうはいきませんでした。マスターズをはじめメジャー大会のタイトルを何度もとっているワトソンが「五輪のコースに立ったら緊張して足が震えた」と言っていました。

あれほどのトップアスリートが、プレッシャーで平常心を失いそうになるのですから、五輪という舞台で緊張するのは、選手ならだれしも経験することなのです。

全力を尽くせば必ず課題が見えてくる

プレッシャーを楽しめ。

よくそう言われますが、どう楽しめばいいのでしょうか。私なりに解釈すれば、その状況をすべて受け入れて、全力を出すということしかありません。

この瞬間にすべての力を出し切ってやろう。そう思ってやりきるしかないのです。ここで失敗したって、命を取られることはない。だったら、出せる力を全部出して終わればいいのです。この日のためにずっとがんばってきたのだから、今日まで蓄えてきた力をすべて出せばそれでいい。

もし後悔するとしたら、「全力を出し切れなかった」という思いが残ったときだけなのです。成績で後悔することはありません。結果はともかく、「全部出したか、出さずに終わったか」ということが重要なのです。

当たり前の話ですが、本番で全力を出し切れるのは、練習で全力を出し切ってきた人だけです。練習のときから本番のつもりで全力でやった人だけが「本番はとても緊張したけど、全力を出し切れた。結果はともかく満足できる。後悔はない」と思えるのです。それが次につながっていくのです。

そこで「全力を出せた」という経験をした人は、「次はもっとこうしよう」ということが見えてきて、すごく緊張した状態でも力を出すための方法もわかってきます。「どこで力を入れて、どこでリラックスすればいいか」を覚えます。それこそが「全力を出したことがある人だけが力の抜き方を知っている」「余計な力が入ってしまう人は、本当に全力を出したことがない人」ということなのです。

本当の全力を出した経験がない人に「肩の力を抜いて」と言っても、抜けるはずがありません。それは、自信がない人に、ただ口でだけ「自信を持って」と励ましても効き目がないのと同じです。

自信がない人は不安を抱えているのです。その不安を取り除くには、だれかに「心配しないで」と言ってもらうことだけではなく、本人が自分で不安を消し去れる何かを見つけることも大切です。その一つが「全力を出す」ということです。結果は問題ではないのです。「自分は本当に全力でやった」ということが自信につながり、次のチャレンジにつながるのです。結果にとらわれず自己のベストを尽くすことが大事なのです。

本当の全力を出したことがない人は、実は失敗を怖がっているのです。「全力でやったのに失敗してしまった」という状態になるのが怖いのです。余力を残してやって失敗したなら自分に言い訳ができるけれど、全力でやったのに失敗してしまったら自分は完全に無能だと認めなければいけないと思っているのです。

しかし、それは大きな間違いです。全力を出したことがないから「全力でやった」という自信が持てず、次のチャンスにつながる失敗もできないのです。それでいていざ本番になると緊張してガチガチになってしまい、「どうも余計な力が入ってしまう」と言っているのです。これでは、いつまでたっても全力を出し切ることはできないでしょう。

失敗してもいい。勝てなくてもいい。大切なのは、全力を出して練習し、本番でも全力でやるという単純なことです。非常にシンプルなことなのに、それを妨げる自分がいる。まずは、そこに気づいて、とにかく一度、全力を出してみること。そうすれば、必ず「次」が見えてきます。

とはいうものの、日常生活の中で、肩に力が入りすぎてしまうという人はたしかにいると思います。それで必要以上に疲れてしまったり、疲れが取れにくかったり、肩が凝ったりという人がいます。

その簡単な解消方法を一つ紹介します。

体から余計な力を抜いて、リラックスした状態を作るために、一度、全身に力を込めて、それを一気に抜くという方法です。

中腰の姿勢で両手の拳に力を込めて、ギューーッと全力で手を握りしめる。極限まで力を入れる。そして、一気に力を抜く。たったこれだけです。

このときの呼吸は、ギューッと力を入れて吸い、一気に力を抜くときに同時に息を吐くのです。これで肩の力が少し抜けた感じになるのではないでしょうか。

一度、全力を出したからこそ、一気に抜いてリラックスできる。それは、ここまで言ってきたことと同じです。全力を出したからこそ力の抜き方がわかるのです。

自分の結果に首をかしげない

自分がやったことに対して「あれ？　おかしいなあ」と首をかしげる人がいます。自分としては不本意な結果だから「こんなはずじゃないのに」という思いがあるのでしょう。

陸上競技の試合でも、たまにそういう選手を見かけることがあります。自分が出した結果を目の前にして、「おかしいなあ」と人にわかるように首をかしげているのは、どういう気持ちからなのでしょう。「本当は、もっといいはずなのに、なんでこんな結果に終わってしまったんだろう」と自分自身、不思議に思っているのでしょうか。それならそれで、自分で原因と結果を分析して反省し、次は同じ結果にならないようにもっとがんばればいいだけのことです。

ところが、こういう選手は、いつも「あれ？　へんだなあ」と首をかしげてばかりいるように見えます。「こんなはずじゃないのに、おかしいなあ」と、いつもいつも思っているのか、

「ふだんはもっとうまくいくのに、どうも今日はおかしいなあ」と思っているのでしょうか。

あるいは、照れ隠しでそうしているのでしょうか。この程度の選手だと思われたくないから、首をかしげて「僕は本当はこんなもんじゃないんです。これは何かの間違いです。今日は、たまたまこうだっただけなんです」というアピールをしているのでしょうか。上位の選手に大差で負けて格好が悪いから首をかしげて照れ笑いしているのでしょうか。

いずれにしても、自分がいま出した結果に対して「あれ？　おかしいな」と首をかしげている人は、いくらやってもそういう結果が続くと思います。どんなときでも、いま出た結果は自分の責任であり、自分の実力なのです。自分がやったことなのだから、本当は、おかしくもなんともないのです。

首をかしげている人は、目の前の結果をまっすぐに受け止めることができない人なのです。不本意で納得できない結果であろうと、とにかく「これがいまの自分の実力だ」ということを認めなければ何も始まりません。悪い結果が出たら、首をかしげるのではなく、「うん。これがいまの自分なのだ」とむしろ大きく頷《うなず》いて、明日からまたやり直せばいいのです。

失敗したり惨敗したりすることは、少しも恥ずかしいことではありません。全力を出し切って負けたのなら、それでいい。また次にがんばればいいのです。

海外の選手は、こういう場合に妙に恥ずかしがったり、首をかしげたりする人が比較的少ないような気がします。

たとえば、陸上競技の国際大会には、地元の選手が招待されて試合に出場することがあります。ハンマー投げの場合も、開催国の地元の選手が何人か招待されます。そういう選手の中には、トップ選手たちに比べれば、かなり記録が劣る人もいますが、彼らはみんな胸を張って試合に臨みます。堂々と自分自身の力を出し切ることだけを目標に、世界のトップレベルの人たちに交じって、一生懸命、真摯に戦っているのです。かりにトップ選手と比べて記録的にはずっと低い結果に終わっても、だれも恥ずかしがったりしないし、照れ笑いをしたりする選手はいません。正々堂々、全力を出し切っている。その姿にみんな心から拍手を送っているし、その選手が自己ベストを出そうものなら、みんなで大きな拍手をして祝福するのです。

私は、これがスポーツの正しいあり方だと思います。選手も観客も、スポーツを愛する人は、こうあるべきだと思います。

スポーツであれ仕事であれ、全力を出し切ったのであれば、たとえどんな結果であっても、その取り組みは、きっと次につながります。そう思えば、首をかしげる必要はどこにもないのです。

調子がいい人の勢いに乗る

ハンマー投げは個人競技ですが、実は選手同士にはチームメイトのような意識もあります。メダルを競い合うライバル同士は、「あいつよりも一センチでも遠くへ投げてやろう」という気持ちも当然ありますが、それ以上に「お互いにいいパフォーマンスをしよう。いい勝負をしよう」という思いがあります。

私はつねにいいライバルに恵まれたおかげで、自分の記録を伸ばし続けることができました。

「これは会心の投擲だ。これで勝ったぞ」

そう思ったら、相手がまたそれを上回る。それに刺激を受けて、こちらもさらにそれを超えていく。そういうライバルたちとの切磋琢磨《せっさたくま》が、お互いのパフォーマンスを高め、記録を伸ばしていくのです。

私と同時代のハンマー投げ選手には、大変優秀な選手が何人かいました。そういう選手たちとの試合は、どの大会も素晴らしい雰囲気で、お互いに認め合い、高め合いながらいい戦いとなり、それが相乗効果を生んで、いい記録を出していくことができたのです。

それを世界のトップ選手たちはよく知っているから、各大会にはいつも、「今日の試合もお互いにベストを尽くして、いい戦いをしよう」という雰囲気がありました。選手同士にリスペクトの気持ちがありました。

陸上競技の選手は、各種目とも基本的に同じ時間帯に同じ場所で準備をして試合に臨みます。ハンマー投げの選手も、基本的に同じ時間帯に同じ場所でウォーミングアップをして、同じ時間に試合に入ります。

ハンマー投げのフィールドには、ウォーミングアップエリアがあって、そこで選手同士が近くに座ったり、話をしたりすることがあります。試合が始まってからも、待ち時間には同じベンチに並んで座っていることもあります。

そういうとき、だれの近くで準備をしたり順番を待ったりするかが、選手の心理状態に微妙な影響を与えることがあります。「そんなのはどうでもいい。自分は集中して投げるだけ」と言い切れないところがあるのです。

自分の調子や試合展開によって、ちょっとナーバスになっている選手もいれば、リラックスしている選手もいるし、自然体で落ち着いている選手もいます。

その中で、どういう選手のそばにいたいかと言えば、なるべく調子のいい選手の近くです。その日、乗っている選手の勢いに、こちらも一緒に乗っていけそうな気がするからです。

試合運びにおいては、自分で流れを作ってチャンスを切り開いていくことができる場合もありますが、周りのいい流れに乗ったり、一緒に波に乗っていくことで、いいパフォーマンスができる場合があります。

ハンマー投げに限らず、スポーツや勝負事には、流れというものがあります。今日はだれに流れがあるのか、この流れを作っているのはだれかということをつかんで、一緒に乗っていく。絶好調のライバルが最高のパフォーマンスをしたときに「まずい」と思うのではなく、「よし、この波に一緒に乗っていこう」とポジティブに受け止めて、自分の力にしていくほうがいいのです。つまり、無理に張り合ったり反発しようとしたりするよりも、力に変えていく。それも自然体ということの一つなのだと思います。

季節感を大切にする

ハンマー投げは陸上競技場の中で行いますが、アウトドアスポーツである以上、自然との調和も大切な要素です。その日の天気、風、地面の状態、温度や湿度といった条件にどんな影響を受けるかということは、つねに頭に入れておく必要があります。

私は季節感を大切にするように心掛けてきました。季節によって木や草の状態が変わるのと同じように、人間の体も季節によって変化します。

たとえば、冬場は体が全体的に締まっているし、夏場は緩んでいます。暖かい季節はすぐに汗をかくし、寒い季節は汗をかきにくい。そういうことを踏まえてトレーニングのメニューを決めたり、食事の内容を考えたり、一日の使い方や睡眠のとり方を考えるようにしていました。

当初はハンマー投げの技術と同時に体のメンテナンスについても父のアドバイスを受けていましたが、やがて自分で研究を重ねながら自己管理するようになりました。ハンマー投げの技術に関しては自分自身で磨いていくことができますが、体のメンテナンスに関しては専門家に相談しながらやっていました。

とくに選手生活の後半は、すでに述べた通り、ケガの予防や体のバランスを整えていくことが重要課題だったので、体のメンテナンスをサポートしてくれる専門家のアドバイスは貴重な戦力となりました。

それでも、自分の体を一番よくわかっていなければいけないのは自分自身です。食事も睡眠もトレーニングと同様、自己管理が基本です。食事の面では栄養学の勉強を早くからしていたので、投擲選手に必要なタンパク質をどういう食品からどれだけとるか、トレーニングの前後はどんな栄養分を補給すべきかというようなことは詳しく理解できていました。

水分の摂取方法も、季節によって変わります。甘いもの、酸っぱいもの、塩分の多いもの、少ないもの、冬場はスープや汁物で補給することもあります。

体を動かすと、自分の体がいま何を求めているのかがわかるようになってきます。食事にしても、「いま自分が何を食べたいか」ということに耳を傾ける。自分の体が要求することに耳を傾け、頭で蓄えた知識だけでなく体が欲していることを感じ取れるようにすることが大切です。

対戦相手は無限の蒼空《そうくう》

「君の対戦相手は無限の蒼空と不動の大地だ」

これは私がずっと大切にしてきた言葉で、身体教育研究所の野口裕之先生が玉川学園の小原芳明学園長の言葉を引用して私にくださったものです。

メダルをとるとか世界陸上で新記録を出すとか、もうそういう小さいことを目指すのはおよしなさい。広い空と大きな大地を相手にしなさい。大自然の中で自分の競技をもっと思いきり楽しみなさい。不動の大地を力強く踏みしめて、大空にハンマーを飛ばす喜びを追求しなさい。

私はそれまで肩にかかっていた重荷が下りて、スーッと力が抜けた感じがしました。たしかに二〇〇四年アテネ五輪で金メダルを獲得してから、さらに上を目指そうと気負ってしまい、勝負の世界に入りすぎて、投げることの本質を忘れていたのです。

そうだ。ハンマーを投げることが好きで、投げることが楽しいから、このスポーツに夢中になったのです。だったら、ハンマー投げという競技の楽しさをもっともっと追求しよう。そう思ったからこそ、私は四〇歳を過ぎても現役選手としてハンマーを投げ続けることができたのだと思います。

私が初めて世界陸上でメダルをとったのが二六歳、初めて五輪でメダルをとったのが二九歳。アスリートとしては遅咲きです。

しかし、だからこそ、長く競技生活を続けられたのだと思います。五輪選手には一四～一五歳で金メダルをとった人たちもいますが、その中には、いきなり頂点に立ってしまったことで、その後、苦しんだ人もいます。自分でもよくわからないうちに勝ってしまって、その後、どうすればいいのかわからず、周りの期待だけがますます大きくなってプレッシャーが重くのしかかる。そうなってくると、なぜ自分はこの競技をやっているのかもわからなくなり、その競技の楽しさをすっかり忘れてしまいます。

私は一〇代から二〇代の後半までメダルに届かずにいましたが、その当時の中京大学の理事長梅村清弘先生から、よくこう言われました。

「焦らないで、ゆっくりゆっくり時間をかけてやりなさい」

あまり急いで結果を求めるのではなく、じっくり進んでいって、着実にやるべきことをやって、自分の心技体を確実にコントロールして目的を達成しよう。自分で計画を立て、自己管理をしながら、日々、自分が目標に向かって進んでいることを実感していこう。そう思って進んでいけたのは、良い先生、良いコーチの方々の支えがあったからだと思います。

そもそも、ハンマー投げを始めた頃は、だれ一人として室伏広治がメダルをとるなどと思っていませんでした。高校入学時、身長は一八二センチありましたが、体重は七〇キロ程度。とても世界レベルの投擲選手になれるような体格ではありませんでした。それができたというのは、「そういう人でもメダルがとれることがある」ということなのです。人間は、そんなふうに、あるとき、大化けすることもあるのです。

あきらめないで時間をかけて、いい指導者のアドバイスをもとに研究し、努力をしていくことによって、思ってもみなかった成果を上げることができるのです。

ハンマー投げのトップ選手たちと一緒に戦っていると、彼らの素質や体格には驚かされてばかりでした。ハンマー投げという競技をよく理解している人であればあるほど、彼らと私を見比べて「室伏が勝てるチャンスは非常に少ない」と思ったはずです。

では、なぜ私はそういう競技をわざわざ選んだのでしょうか。「室伏ならほかのスポーツをやって大金を稼ぐチャンスがいくらでもあったんじゃないか」というような話をテレビで聞いたことがあります。

しかし、私はハンマー投げを追求したかったのです。人がどう言おうが、ハンマー投げという競技に自分の人生をかけて打ち込んでみたい。自分が、それだけの価値を見出したものを追求し、研究と工夫と努力によって自分を高めていくこと。それが自分の進むべき道だと思ったのです。

そう信じてハンマー投げに打ち込んできたことは、これからの人生においても、必ず役に立つはずだ。いま私はそう思っています。

自分の弱点と上手に向き合う

「室伏さんにも弱点はあるんですか?」

そう聞かれることがあります。

もちろん、弱点はあります。たとえば、長距離走です。持久力系の運動は昔から得意ではありませんでした。

小学生のときから徒競走は負けたことがありませんが、マラソンは別でした。小学一年生のとき、校庭を一周して学校の外へ出ていくときは断トツだったのに、コースを走って校庭に戻ってきたときはずっと後ろのほうでした。途中で、徒競走では絶対に負けたことがない相手にどんどん追い抜かれていくのは、子どもながらに屈辱的なことでした。

ショックのあまり家でふさぎ込んでいる私に父は笑いながら言いました。

「おまえは、短距離は一番だけど、長距離は苦手なんだから、マラソンは適当にやっておきなさい。そんなに気にすることじゃないよ」

なるほど、同じ走る運動でも向き不向きがあるのだということをそのとき初めて知りました。

「室伏さんにも悩みはあるんですか?」

そう聞かれることもあります。

もちろんあります。でも、いまの悩みは何かといわれて、すぐに思いつかないのは、悩みなんかない能天気なヤツだからでしょうか。

現役を引退してから「どうも記録が伸びない」とか「股関節が痛い」というような悩みはなくなりましたが、指導者として「この選手をもっと伸ばしてあげるにはどうすればいいのだろう」と考え込むことはあります。

指導者として大切なのは、こちらから無理に教えてその通りにやらせることではなくて、選手が自分から進んでどんどんやるような環境を作ることです。選手が楽しく積極的に取り組めるようにするにはどうしたらいいか。それをいつも考えています。

選手と監督・コーチの関係性は、一方的ではなく双方向のコミュニケーションが大切です。そのためには、コーチが選手に対して何か言うだけではなく、選手の話に耳を傾けることが必要です。

監督・コーチと選手がマンツーマンの関係というのは、特別なケースだけです。チームや団体の場合、多くは監督・コーチが一名から数名で選手がたくさんいる「一対多」の関係です。すると、コーチが選手の話を聞きたいと思っても、一人の選手に割ける時間は限られます。しかも、「何でも聞きにおいで」「いつでも相談に乗るから」と言っていたとしても、選手たちはどうしても遠慮してしまうものです。「聞いてもらいたいことがあるけど、なかなか言い出せない」ということになりやすいと思います。

そこで、私は自分のほうから積極的に選手に話しかけるようにしています。そうすれば、徐々に双方向のコミュニケーションが成立して、意思疎通が円滑になり、問題発見につながっていくと思っています。

コーチと選手は、父と私がそうであったように段階的に変化していくものです。最初は付き添うようにしながら一緒に考えてやって、徐々に自分で考えられるようにしていく。選手自身が自分の頭で考えられるようになるためにコーチは余計な口出しはしない。黙って見守ったり、ときには突き放したりすることも大切です。私の場合は、父のそばを離れて海外に武者修行に行かせてもらったことで、さらなる自立をすることができました。

自分で感じて、自分で考えて、自分で工夫して練習し、試合に臨む。コーチは選手をそういうふうに仕向けていかなければなりません。ただコーチに言われた通りにやっていても、おもしろさは見つけられないし、依存心も消えません。

指導者として大切なのは「言うべきときには言うこと」と「黙するときは見守ってあげること」。この二つだと私は思っています。しかし一方で、「いま教えなければ将来に影響する」というときには、マンツーマンで徹底的に指導すべきです。

いずれにせよ、コーチとは、選手が自分で強くなっていくのを静かに見守っていられるようになるのが理想だと思います。

やるべきこととやりたいことを一致させる

どうやったら選手たちが、積極的に楽しくトレーニングに取り組めるようになるだろう。それは監督やコーチにとって大きなテーマです。

どうやったらスタッフのみんなが、意欲的に楽しく仕事に打ち込めるようになるだろう。それはリーダーにとって大きなテーマです。

どんなに厳しい練習も、どんなに難しい仕事も、楽しんでやれれば一生懸命にがんばれます。やるべきことと、やりたいことを一致させられれば、こんなに素晴らしいことはありません。

そうなるためには、その取り組みが義務的にならないようにしていくことが大切です。たとえば「なんとしてもメダルをとらなければいけない」「絶対にこれだけの成績をあげなければいけない」という目標だけに目を向けてしまうと息苦しさが出てしまいます。

「家族を幸せにしてあげよう」「スタッフのみんなと喜びを分かち合おう」という目的のために成績目標を達成しようと思えば、取り組み方も変わるはずです。

リーダーがスタッフにそういう目的を見出せるようなアドバイスをしてあげれば、きっと楽しみを見つけられるはずです。「リーダーにやらされている」と感じてしまうようなことがあると、だれしもやる気が起きなくなってしまいます。「この取り組みは自分自身がこういう目的のためにやっている」ということに気づかせるのがリーダーの務めだと思います。

私が現役選手だったときは、自分で考えた練習をやり遂げるのがおもしろくて仕方がなかったので、コーチに言われなくても毎日、楽しく取り組むことができました。たとえ体力的にはきついトレーニングでも、そこに楽しさを見出していました。

なぜそういうふうにできたのかといえば、コーチである父の指導法のおかげだったと思います。選手の自主性を大切にして自立を促す。そういう指導者のもとで取り組めたからこその楽しさだったと思います。

父と同じ世代の指導者は、縦社会の中で育っているので、厳しい師弟関係のもと、選手の自由度が少ない指導法をとるケースも少なくありません。日本のスポーツ界は、いまなおそういう面が残っているところもあります。

しかし、父は私が息子だからそれを許したのではなく、もともとそういう指導方針を貫く指導者です。

日本のハンマー投げの第一人者である室伏重信が室伏広治のコーチになった時点で、「家では父親と息子であっても、フィールドではコーチと選手なのだから、礼儀作法や言葉遣いも師弟関係にふさわしく折り目正しくするべきだ」という考え方もあると思います。

しかし、父はこう言いました。

「そういうことに気を使いすぎると大事なコミュニケーションがとりづらくなる。風通しが悪くなってしまうのはお互いにマイナスになる」

私も選手に対しては父と同じ考え方に立っているので、できる限りコーチと選手の関係性はオープンで明るく何でも言い合える雰囲気を失わないように心掛けているのです。以前、コーチングについて、落合博満さんから非常に興味深い話を聞いたことがあります。

落合さんが中日ドラゴンズの監督だったときに対談をさせてもらう機会がありました。落合監督はまったく野球界の常識にとらわれず、斬新な指導法で、すっかり弱体化していたドラゴンズを優勝に導いた人です。

「選手を放牧する」

落合監督は、就任一年目にそんなことを言ったのです。

「ほかの球団みたいに選手たちを管理なんかしない。自由にやらせる。その代わりレギュラーも二軍も関係なしに、横一線で競争させる。やりたいヤツはやればいいし、やらないヤツは落ちていくだけ」

落合監督が就任する前の年のドラゴンズは優勝には遠く及ばないチームだったのに、落合監督はトレードもしなければ新外国人選手やFA選手を一人も獲得せずに、就任一年目でリーグ優勝を果たしました。

それはチーム内の激しい競争によって、チームの戦力アップに成功したからです。二軍の選手は「俺にもチャンスがある」と張り切り、レギュラーは「うかうかしていられない」と尻に火が付いて必死にやる。それがチームの底上げとなり、優勝につながったのです。

野球界という伝統的な価値観や指導方法がある世界で「放牧」という画期的な概念でチームを強化した落合監督の指導力は、まさに革命的でした。固定観念にとらわれない落合監督の改革によって、チームが限界を超え、選手自身が自分の限界を超えていったのです。

「いままで二軍でくすぶっていたのが一生懸命やればレギュラーにもなれるし優勝もできるし年俸も上がる。そういうのを実感したり目の前で見てれば自分も負けないように必死でやるでしょ。口で言ったって聞かないよ。放牧して競争させれば強くなるんだ」

落合監督はそう言っていました。選手の自主性と自己管理を促す落合流は、とても印象的な話でした。

「成功体験」が成長の邪魔をする

室伏広治＝金メダリスト＝成功者。

そう思っている人が多いかもしれません。しかし、実際は違います。メダルをとることはできましたが、私は失敗をたくさんしてきた人間なのです。

私はシドニー五輪からロンドン五輪までと世界陸上を合わせて一四回代表になり、九回はノーメダルでした。たくさんの失敗があったからこそ、五個のメダルがあるのです。

この失敗体験がなければ、五個のメダルはなかったはずです。だからこそ私は何度でも繰返し「失敗を恐れるな」「失敗は少しも恥ずかしいことではない」と言っているのです。

実は、その反対もあります。成功体験が成長の邪魔をするのです。よく「成功体験が人を成長させる」ということを聞きますが、そうとばかりは言い切れないのです。

たとえば、金メダルをとったことで、チャレンジ精神を失って弱くなってしまう。一度成功したことで守りに入ってしまい、新たな力や技を身につけようとしない。あるいは、修正すべき問題が起こっているのに、「いままではこれでうまくいっていたんだから」と言って改めようとしない。

金メダルをとったりチャレンジを成功させたりしたのは素晴らしいことですが、人生はまだ続くのです。かつての成功体験が邪魔をして成長が止まってしまうのは残念なことです。成功して立ち止まるのではなく、失敗を恐れずに再びチャレンジし続けることが大切なのだと思います。

新しいアイデアや新しい試みを成功させるためには、過去だけにこだわらないことが大切です。私はいつもそう思って、メダルをとった後には新しい取り組みを始めていました。なぜなら勝敗の結果とは別に自分が求めるものがあるからです。そのためには、このままでいいはずがない。もっといい方法があるはずだ。そう思って次のチャレンジを始めていました。

世界にはまだまだ自分が知らないすごい相手がいる。そう思うと、わくわくして大いなるチャレンジ精神が湧いてくるのです。

最後につかんだ極意がある

アテネ五輪の前に、当時、指導を受けていたトーガーコーチに教わった言葉があります。

Hay is in the barn.

hay は藁《わら》、barn は納屋。直訳すると「納屋には藁がある」。秋の収穫が終わって、刈り終えた後の藁が、肥料にしたり家畜のえさにしたりするために小屋いっぱいに詰められている。言葉の意味は、「もうそこにはすでに藁がたっぷり入っている。あとは使うだけだ」ということです。

つまり、「室伏は、練習でもう力を十分に蓄えた。あとはその力をアテネで使い切るだけだ」という意味です。

アテネ五輪でその力を出し切ってメダルを獲得するという経験を経て、この言葉の意味を改めて考えました。

もう十分に中身が詰まっているのに、まだ詰め込もうとすることが、私も含めて日本選手には多いのではないか。日本人の国民性として、溜め込むことが好きで、あまり使おうとしない。トレーニングをまじめにやって力をつけることは得意だけれど、それを発揮するのはあまり得意ではない。そういうところがあるような気がします。試合直前にさらに溜め込もうとして無駄なトレーニングをしてケガをするケースもあります。

本当は、いい結果を出すための練習は、もう十分にやったのです。だったら、すべて残らず出し切ろう。最後の藁一本まで使い切ってしまおう。そういう精神が大事なのではないかと思います。

目的はあくまでも本番のはずです。トレーニングをして体を鍛えることが目的なのではなく、その力を本番ですべて出し切ることが目的なのです。

周りをよく見渡してみると、溜め込んで溜め込んで少ししか力を出せない人もいれば、満タンに溜め込んではいないけれど、それを全部使い切って力を発揮する人もいます。

必要なのは、本番になったら「蓄えモード」を「使用モード」にチェンジする方法を身につけておくことだと思います。

とはいえ、ずっと蓄えモードだったものを本番になって初めて使用モードに、しかも瞬時にチェンジすることはできません。トレーニングを続けてきて、試合本番を迎える前にどこかの場面でフェーズを変えていく必要があるのです。

「ある段階までは完全に蓄積。次の段階に来たら発揮スイッチをＯＮにしておいて、本番になったらエンジン全開モードにして、全部出し切る」

そういうイメージです。

要は、トレーニングで蓄えたエネルギーをいつどこで最大限に出すか。私は引退が近くなって、体力的なことをよく考えてトレーニングをするようになってから、そういうエネルギーの出し入れがよくわかるようになりました。

一切無駄のないトレーニングをして必要最小限の負担で最大限のエネルギーを蓄える。それを大会まで徐々にフェーズを変えながら、いざ本番ですべて発揮する。できるだけ効率よく力をつけ、それを余すところなく使い切る。私の父は、私の投げたハンマーを、「すべての力を使い果たして目標地点にそうっと着地するようだ」と話していたことがあります。

私は長年ハンマー投げに打ち込んできたおかげで、少ない力でできるだけ大きな力を生む方法がわかるようになりました。そういう極意がわかってきたのです。

スポーツの究極にあるものは「楽しさ」

そして、もう一つ私がつかんだ極意は、ハンマー投げの楽しさです。スポーツに打ち込むことのおもしろさです。

その楽しさは、経験の中で会得できたことです。最初はだれしも無我夢中で取り組んでいるだけで、そう簡単に楽しさは手に入れられるものではないと思います。「どうだ、楽しいだろ?」と言われても、何をもって楽しいというのか、すぐにはわからないでしょう。

コーチに教わったり、見よう見まねで試したりしながら上達していく喜びを覚え、自分で取り組めるようになっていくと楽しさが見えてきます。人に任せたり教わったりするのではなく、自分の体を自分で鍛え、自分で管理して、その結果が自分に返ってくるところがおもしろいのです。

どんなトレーニングをして、どう自己管理をして、どう試合に臨んで、どんな結果が出るか。その結果によって、また新たな取り組みをして自分を高めていく。それが楽しいのです。

その極意を私は今度は指導者として選手たちに伝えていきたいと思っています。選手たちが「スポーツって、こんなに楽しいものだったのか」ということがわかるような指導をしていきたいのです。

「もしハンマー投げの選手になっていなかったとしたら何をやりたかったですか？」

そんな質問を受けることがあります。

「一〇〇メートルですか？　それとも格闘技ですか？　野球ですか？　アメフトですか？」

どれも楽しそうですが、実は、私自身は「選手よりも指導者が向いているかもしれない」と思うことがあります。

選手の道を長く歩んでから指導者になるよりも、最初から指導者やマネジメントの道を目指していたら、いいコーチになっていたんじゃないか。私は案外、自分でやるよりも、教えるほうが得意なのではないかという気がしているのです。

私のコーチ、室伏重信は現役時代、一九八四年に七五メートル九六という日本新記録を出しました。その記録は一四年間、塗り替えられることはありませんでした。一九九八年、私が七六メートル六五を出して父の記録を塗り替え、その後、八四メートル八六まで記録を伸ばしました。父が届かなかった五輪のメダルも手にすることができました。記録的には父を超えたかもしれません。でも、私はまだ本当の意味で父を超えていないのです。

それは、自分を超える人材を育てることです。父は自分を超える室伏広治というアスリートを育てました。今度は私の番です。私の役割は二〇二〇年東京オリンピック・パラリンピックで選手たちにとって最高の舞台を作り上げることです。そこで各国の多くの選手たちが自己ベストを更新したときに、「オヤジ、俺はやったよ！」と言えるのだと思っています。

第六章　体を整える

自分の中に眠っている潜在能力を呼び覚まそう

人間が最大限に自分の力を発揮するためには、まず、最大限の力を蓄えるトレーニングが必要です。そのうえで、自分が蓄えた力を余すところなくすべて出し切ることが必要です。私は長い間、トレーニングと研究を重ねることで、それをずっと追求してきました。その結果、人間が自分の持っている力を最大限に高めて大きな成果を出すという二つの課題の奥に、まだだれもやろうとしなかった方法があることに気づきました。

それは、自分の体の中のまだ十分に使われていない機能を使うということです。その機能を高めていけば、自分の体の中で眠っている神経回路を開き、十分に働いていない筋肉を呼び覚ますことができるのです。

その機能を覚醒させ、鍛えていく方法が、第三章で紹介した「単純な反復運動ではなく、感覚を働かせた運動」の「ハンマロビクス」です。それは、ハンマー投げやスポーツをする人だけでなく、あらゆる人々が体現できることなのです。

私は自分の肉体や年齢の限界を超えていくために、そうしたトレーニングを考案してきました。同じ負荷をかけるトレーニングでも、筋力と同時に人間の感覚を働かせて行い、筋肉を鍛えるだけでは得られない「機能の覚醒」を試みました。

バーベルの重りの代わりにワイヤー付きのハンマーをぶら下げて、バーベルの左右の端でハンマーがブラブラと揺れるのを、バランスを保ちながら姿勢を保持する。毎回、一定の動きを繰り返すのではなく、変化する状況を感知し適応しながら持ち上げる。不規則な運動に適応しながら、人間のあらゆる機能や神経回路を使う運動をすることによって、潜在的な力を引き出し、集中力を高めることができるのではないでしょうか。

ここでは、そうした私のトレーニングを読者の皆さんが身近な環境で行える運動にアレンジして紹介したいと思います。これには、ハンマーもバーベルもまったく必要ありません。日常生活の中で手軽に行える運動で、同等の効果が得られるトレーニングです。

ここからは、あなたの眠っていたパワーを引き出し、集中力を高め、感覚を磨く「室伏流エクササイズ」のメソッドを紹介していきましょう。

日常生活の中でできる効果的なエクササイズ

人間が健康であるためには、体と心のバランスが大切です。スポーツは、体と心を同時に活性化させ、そのバランスを整えるためにもっとも有効な方法です。五輪憲章に「肉体と精神の調和」が掲げられているように、スポーツは本来、人間の心身を美しく輝かせるためにあるのです。

日頃の忙しい生活の中で、仕事のことで頭がいっぱいになったり、心が疲れたりしたとき、ほんのちょっと体を動かすだけで、頭がスッキリしたり、心がスーッと軽くなったりします。しかも、理にかなった方法さえ知っておけば、ほんの少しの運動をするだけで、体調を整えたり、筋肉を鍛えたり、ダイエットに役立てたり、腰痛や膝痛をやわらげたりすることにもつながります。

それは、ごくふつうの日常的な行為の中に運動を取り入れるだけで効果を上げる方法です。歩いたり、ドアを開けたり、椅子に座ったりするときに、ほんの少し体の使い方を意識するだけで、筋トレと同じような効果を上げる方法があるのです。つまり、日常生活の動作そのものがトレーニングになるというわけです。これなら時間もお金もかかりません。

実は私自身、現役を引退してからは、デスクワークや会議が多い生活になりましたが、できるだけ短時間で効率よく、運動することを心掛けています。

そこで、自分のために、わざわざジムやジョギングに出かけなくても、手軽で身近な運動で健康な体を作れるようなトレーニングメニューを考えて実践することにしたのです。

本書で何度も言ってきたように、私は現役時代には「時間も負担も少ないトレーニングで効率よく成果を出すにはどうするか」という研究を重ねてきたのですから、今度はそれをそのまま「日常生活の中で簡単な運動をして楽しく元気になるエクササイズ」に応用すればいいのです。

この運動は、いつでもどこでもすぐに、日常行為の延長線上でできるものを意識しました。

これは、「潜在能力を引き出したい」「健康な体を作りたい」「もっと元気になりたい」「最近、足腰の衰えが気になる」「ダイエットにいい手軽な運動をしたい」「いい体を手に入れたい」「強くなりたい」「美しくなりたい」「腰痛や膝痛を改善したい」など、あらゆる人たちのニーズに応えるために考え出した「室伏流エクササイズ」なのです。

【室伏流エクササイズ】① 新聞紙エクササイズ

これは毎朝、新聞を読み終わったら、三分でできるトレーニングです。新聞紙一枚あれば、だれでもすぐにできます。

新聞紙を一枚、体の前に片手で持ちます。これをそのまま片手だけで小さく丸めていく運動です。

最初はゆっくりでいいから、クシャクシャに丸めていって、最後には手の中に収まるまで小さくします（写真1～4）。いわば、空中で新聞紙をたぐり寄せるような動作です。

徐々に手の中に収めていくために、何度も握り替えながら、新聞を落としたり手放したりしないで、手中に収めたまま、着実に握りつぶしていくのです。

この運動は、握力や腕の筋肉を鍛える効果もありますが、手の中で新聞紙の状態の変化を感知しながら行うことで神経や感覚も磨くことができます。目で見て、手のひらで感じて、徐々に筋肉と感覚を同時に働かせながら仕上げていく。このプロセスが筋肉にも脳にもいいのです。

しかも、毎回やるたびに違う動きになるので、刺激が鈍くなることはありません。単調な繰り返し運動とは違って、毎日、チャレンジングな取り組みができるのです。

最初は一枚の半分で始めてもいいし、慣れてきたら両手で一枚ずつ持って、同時に握りつぶ

新聞紙を片手で丸めていくエクササイズ

3

4

していくのもいいでしょう。これは、思ったよりも筋肉が張る、つまり見た目以上に効果がある運動です。

【室伏流エクササイズ】② 全力で指を伸ばす

ハンマー投げの体の動きを追求するために、私は様々な分野の体の動きを研究したり体験したりしてきました。「どうすれば人間の体は理想的に、イメージ通りに動くのか」という研究が私にとっての最大のテーマなのです。

そして、ある結論を得ました。体の使い方がうまくいくためには、体全体を整えて全身を使う必要があるのです。体の一部分を使うだけでは絶対にいい動きができない。たとえ指一本でも、思い通りに動かすためには全身を使わなければできない。そして、そのために全力を出し切らなければならないのです。

前章で、アテネ五輪で金メダルをとったときの「納屋の中に溜めた藁を全部使う」というイメージの話をしました。「すべての力を出すためにはどうするか？　蓄えた力を出し切れずに終わらないためにはどうするか？」という問いの答えは何か。それもまた全身を使って全力を出し切る練習をすることなのです。

アスリートに限らず「全力でやる」ということをだれしも口にします。しかし、本人は全力のつもりでも、実はまだまだ出し切れていない場合が多いのです。

たとえば、指一本を最大限に伸ばすためには、指や手の力だけでは足りません。全身を使わなければ指を完全に伸ばすことはできないということを理解している人は、どれだけいるでしょうか。

では、ここで、右手を前に伸ばし、人差し指で前方を指差して、その指をいっぱいに伸ばしてみてください。そこで、「もっとギューッと伸ばして！　もっと、もっと！」と言われても、たいていの人は手の力だけか、せいぜい腕の力で指を伸ばそうとするはずです。

しかし、それでは指は伸ばし切れません。全身を使わなければ伸ばせないのです。指を伸ばすというのは全身運動なのです。体全体を使って人差し指を伸ばすのです。これができるようになる方法としては、腕を天井に向けて高く上げ、天を指差しながら背伸びをするようにして、さらに指を天に突きさしてギューッと伸ばしていく（写真5〜7）。そうすれば、最大限に伸ばす感覚がつかめるでしょう。

指先を伸ばすときにも、小手先だけでやらずに全身を使う。そういうトレーニングをすれば、全身を使って全力を出せるようになります。つまり、身近な室伏流エクササイズの基本は、小

爪先から指先まで全身で指を伸ばす

大きな筋肉から動かし指先などの末端まで伸ばしていく

手先だけでもできることを全身運動で行うということです。

たとえば、テーブルの上にあるコーヒーカップを手に取る場合、自分の目の前にあるカップならふつうは手先だけで取ります（写真9～11）。では、テーブルの向こう端にカップがあって、最大限に身を乗り出して取らなければ届かないとしたらどうするでしょうか。全身を使って手を伸ばして取るはずです（写真8）。

そこで、その最大限に身を乗り出したときの体の動きを覚えておいて、目の前のカップを取るときにもそれと同じ全身を使った動きで取るのです。すぐそばにあるからといって、安易に手を先に動かして手先だけで取るのではなく、体全体でカップに近づいていって、最後に手を使ってカップをつかむのです。すると、身を乗り出して全身を伸ばすときと同じ筋肉の緊張状態を作って全身を使ってカップに近づいていき、最後に手でつかむことになります（写真12～14）。

全身を使って指を全力で伸ばすこと。目の前のカップを取るときに、身を乗り出して取ること。どちらも自分のデスクで一分もあれば行える簡単なエクササイズです。

手だけでカップを取る動き

9

10

11

手だけでなく全身を使ってカップを取る動き

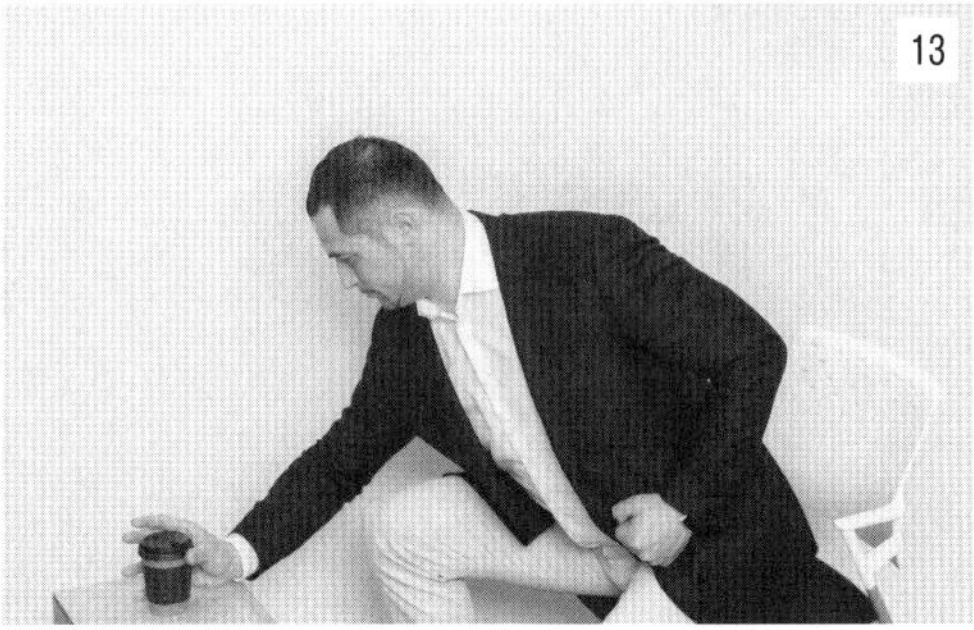

【室伏流エクササイズ】③　ドアの取っ手を全身でつかむ

指を伸ばすときにも全身を使って全力でやるというのは、本書の中で何度も強調してきた「全力を出す」ことの大事なポイントです。

つまり、簡単にできてしまうことでも真剣にやる。手先だけでも簡単にできてしまうことを全力で本気を出してやる。本気を出す訓練をした人だけが、大事な本番でも全力を出し切れるのです。

実は本書のテーマの一つである集中力というのは、「集中力をつければ何かを超えられる」という発想をすることではなく、「簡単なことでも全力を傾けて真剣にやれば、自ずと集中できる」ということなのです。

集中力というのは大切な力ですが、人間が持っている様々な力の中の一つです。つまり、集中力は「背筋力」「握力」といった部分的な筋力と同じであって、その力だけで何かができるわけではありません。集中力であれ背筋力であれ、それだけを一生懸命に使っても、人間の体は理想的な動きができないし、イメージ通りに体を動かすことはできないのです。

体を理想的に動かせるようにするためには、簡単なことでも全身を使って全力を出してやることが大切です。どんな運動でも、けっして体の一部分だけを機能させて行うのではなくて、どんな小さなことでも本気を出して全身を使って全力でやれば、自ずと各部分が理想的に機能して、体全体を自分のイメージ通りに動かせるようになるのです。

たとえば、指一本を伸ばすという簡単な動作を手先だけでなくて全身で行うことが大事なのです。

そして、日常生活の中には、そういうふうに細事に全力を注いでトレーニングをするチャンスがたくさんあるのです。

たとえば、「ドアの取っ手を全身でつかみにいって開ける」トレーニングです。ドアを開ける動作なら、だれしも毎日、何度もしていると思います。そのうちの何度かをトレーニングの時間にしてみましょう。一分もかかりません。

この運動の基本も、手先だけで取っ手をつかみにいくのではなく、全身を使ってつかみにいってドアを開けるということです。

ふだん、手だけで取っ手をつかんでドアを開けているときは、写真15～17のようになっています。

では、全身を使って取っ手をつかみにいく動作に入ります。

手だけで取っ手をつかんでドアを開ける通常の動作

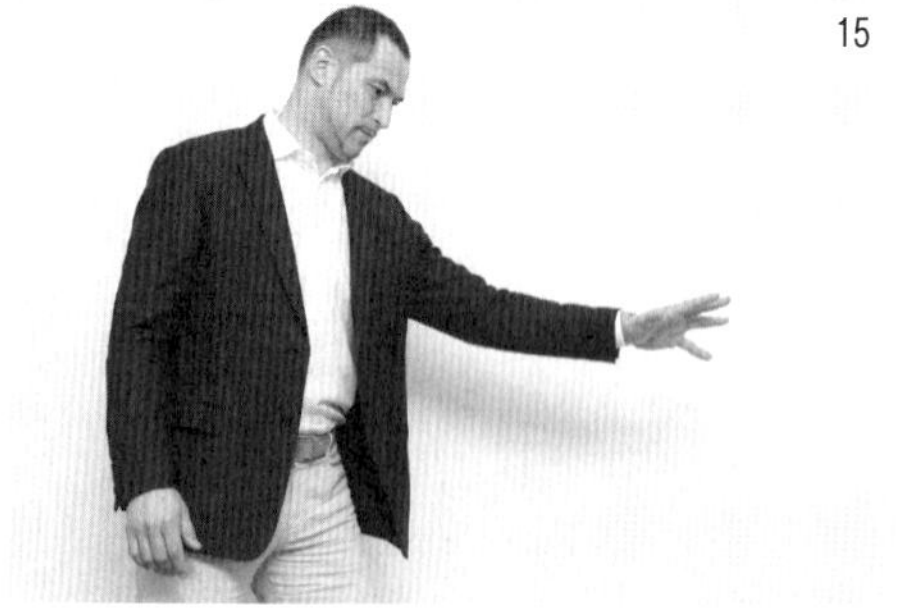

15

16

17

肘を90度に曲げて型を作る

18

まず、最初のポイントは肘を曲げて型を作ることです。だいたい九〇度ぐらいでいいでしょう（写真18）。

この肘の型を作ったら、最後まで型を崩さないようにする。つまり、この肘の角度を保ったまま、手先を動かさないで、全身を使ってドアの取っ手に近づいていくのです。

そうすると、自然に下半身を使い、腹筋も脇腹の筋肉も働かせながら体全体を使って取っ手をつかみ、ドアを引き開ける動きになります（写真19〜22）。

この運動は、第四章で説明した「大きな筋肉を使う動き」をとり入れたものです。取っ手をつかんでドアを開けるという簡単な動作を全身を働かせて行う。ふだんは手先だけでやってい

体全体で取っ手をつかみドアを開ける動作

21

22

る動作を全力を出して行うことで、「日常行為」が「トレーニング」に変わるのです。

【室伏流エクササイズ】④　眼球をスムーズに動かす

体を動かすときに、自分がイメージした通りに動かすことができれば、多くのことが可能になります。

アスリートで言えば、自分のイメージした通りに体を動かして最適なフォームで運動することができれば最高のパフォーマンスを実現できます。日常生活においても、自分がイメージした通りに体を動かせるようになれば、ケガはしなくなるし、体を使う遊びや趣味で思い通りの成果が出せるようになります。

そこで、紹介するのが「自分のイメージ通りに体を動かすトレーニング」です。これは眼球を使った方法なのですが、自由に使っていると思っている目を動かすことも、実は大変難しいことなのです。イメージ通りに眼球を動かせることは、すなわちケガをしない体を作り、趣味やスポーツで目覚ましい上達を遂げるトレーニングにつながるのです。

これは、いわゆるイメージトレーニングとはまったく違います。イメージトレーニングにもいろいろなものがあるでしょうが、「自分が成功することを頭でイメージして、その通りに成功する」というのがそのコンセプトにあるとするならば、その効果がどれぐらい期待できるのかを検証した経験がないので私には語る術《すべ》がありません。

ここで行おうとしているのは、頭でイメージするだけではなく、具体的に体を使ったトレーニングです。鮮明にイメージしてから体を動かせば、そのイメージ通りに体がスムーズに動くというトレーニングであり、その効果測定が具体的にできるものなのです。

その有効なメニューをこれからいくつか紹介していきますが、まずは「鮮明にイメージしてから体を動かせば、自分がイメージした通りにスムーズに動けるようになる」ということをわかりやすく体感してもらうためのトレーニングをしてみましょう。

これは眼球を動かすトレーニングです。初めは一人で行うのは難しいので、だれかアシストしてくれる人が必要です。

まず、アシスタントは、トレーニングをする人の目の前に立って、顔の前で人差し指を掲げ、ゆっくり、ぐるりと一周、円を描いていきます（写真23）。

トレーニングをする人は、頭や首を動かさないで、顔を固定した状態で、目の前の指に注目し、眼球だけを動かして、指の動きを目で追ってください。

このとき、アシスタントは指を動かしながら、トレーニングをする人の眼球の動きをよく見

眼球をスムーズに動かすトレーニング

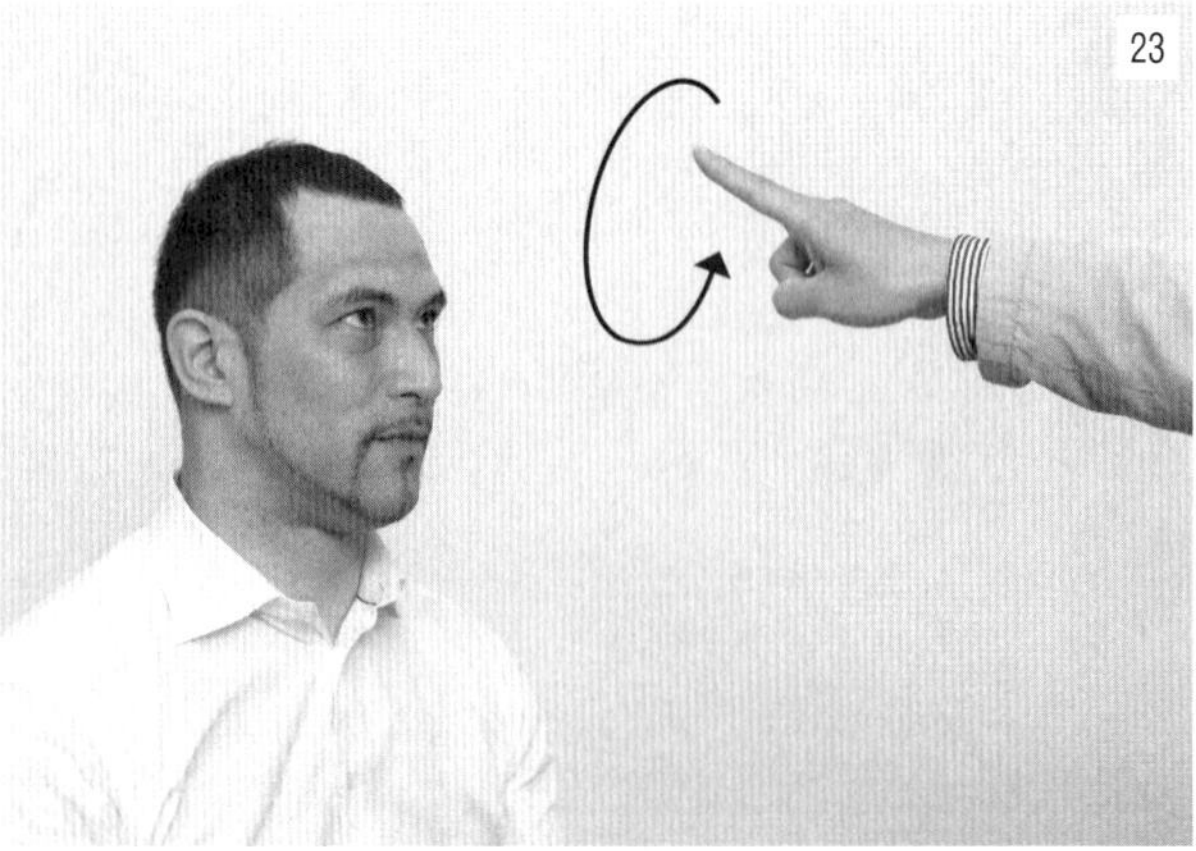

ておいてください。指を追っている眼球の動きはスムーズに円運動をしているはずです。

次に、トレーニングをする人は、いまと同じ眼球の円運動を指がない状態で再現してみてください。このときの眼球の動きをアシスタントはよく見ておいてください。眼球はスムーズに動いていないはずです。カク、カク、カクと角ばった動きになっていて、さっきの円運動とはぜんぜん違う動きになっているはずです。

では、続いて、トレーニングをする人は、今度は指があることをイメージして、その指を目で追うつもりで眼球を動かしてみてください。アシスタントは、その眼球の動きをよく見ておいてください。きっと、さきほどカクカクしていたときよりは円滑になっていると思います。

そして、指がそこにあるというイメージを鮮明にできればできるほど、眼球はスムーズに円を描いて動くのです。これが、自分のイメージ通りに体を動かすということです。そして、それは訓練を重ねることによって、より思い通りに、より正確にできるようになるのです。

このトレーニングには、眼球を動かす筋肉を使うことで、リラックス効果を生むという効用もあります。オフィスワークで疲れたときなど、少しの休憩時間で行える効果的なリフレッシュ方法になるでしょう。

【室伏流エクササイズ】⑤　空気椅子に座る

運動をする前に、いまから自分がどんなふうに体を動かすかをはっきりイメージしてから運動すると、人間の筋肉は事前にその準備をします。それによって、体の反応がよくなり、正しい適応能力が整います。つまり、イメージ通りに正しい運動ができるようになるし、その準備があるおかげで不測のケガも防げるのです。

ここで行うのは、椅子がないのに椅子があることをイメージして座ること。いわゆる空気椅子に座るトレーニングです。まっすぐに立った状態から、あたかも腰を下ろしたところに椅子があるようにイメージして、ゆっくりゆっくり座っていきます。

このとき、日頃椅子にドカッと腰を下ろすようにしようものなら、すぐに尻餅をついてしまいます。そんなことにならないように、ゆっくりと膝を曲げながら腰を下ろしていきます。踵側に重心をかけてしまうと後ろに倒れてしまいますから、爪先側に重心をもっていくようにしながら腰を下ろしていきます。慣れないうちは、浅く椅子に座る姿勢しかとれないと思いますが、慣れてきたら、できるだけ深めに椅子に座るイメージで姿勢を保つようにするのが理想です。

次に、実際に椅子を置いた状態で、空気椅子に座るようなつもりで、ゆっくりゆっくり座ってください。「もしかしたら途中で椅子をだれかに引かれてしまうかもしれない。そうなってもひっくり返らないように、ゆっくりゆっくり座ろう」というイメージで腰かけてください。こうして座るのと、ドカッと椅子に体を預けて座るのとでは、まったく体の使い方が違うのを実感できるはずです。

スポーツでも日常の動作でも、前もってイメージしてから体を動かすのと、何の想定もなくただ体を動かすのとでは、体の準備状態がまったく違います。空気椅子に座るようなつもりで椅子に腰かければ、様々な筋肉が働いた状態で体の制御ができているので、もし椅子が動いたり壊れたりしても、ある程度、耐えられるはずです。

もっとも、そんなアクシデントに備えるために空気椅子エクササイズをしようというわけではありません。あくまでも「イメージをしてから体を動かす」というトレーニングです。ただ、このイメージで座るトレーニングをしている人と、なんのイメージもなく筋肉の準備態勢を整えないまま座っている人とでは長時間座ったときに差が出ます。ときおりこのトレーニングをしている人は、椅子に座っているときでも適度に筋肉が働いて、いい姿勢で座っていられるようになります。一方、ドカッと座るだけの人は、いい姿勢で座るための筋肉の働きが弱いので、長時間座ると腰が硬くなったり痛くなったりするかもしれません。

このトレーニングは、毎回、椅子に座るたびに空気椅子をイメージする必要はありません。たとえば、完全にドカッと座るのではなく、椅子の上に空気の座布団があるイメージをして、少しの間、空気座布団に座って、それから実際に腰かけるだけでも効果はあります。

たったこれだけを意識して椅子に座るだけで、腹筋運動やスクワットに負けないような効果を得られるとしたら、どちらが効率がいいかは明らかだと思います。

【室伏流エクササイズ】⑥ バーベルの代わりに空気を使う

トレーニングジムに行かなくても、バーベルなんかなくても、どこの家にも必ずあるものを、それと同等以上のトレーニングマシンに早変わりさせることができます。それは、空気です。

では、さっそく空気を使った楽しいトレーニングを紹介します。これはアシスタントが一人いたほうがやりやすいメニューですが、やろうと思えば一人でもできます。

まず、アシスタントがトレーニングをする人の前に立って、胸の高さで両腕を組んで構えて抵抗を作ります。

トレーニングをする人は、両手を胸の前で上下に重ね、両肘を張った状態にして構えます（写真24）。次に、その体勢から重ねた両手でアシスタントの組んだ両腕を下に押しやります（写真25）。最大限に力を込めて、ギューッと下に押します。

アシスタントは、それに抵抗して、自分の両腕に力を入れて、腕が下に下がっていかないように踏ん張ります。

トレーニングをする人は、その抵抗に負けないように全身の力を使って、アシスタントの腕をさらに下にギューッと押していきます（写真26）。最大限の力で押したら、次の瞬間、押すのをやめてパッと手を放して一気に力を抜きます。すると、その手は、反射的に一瞬ヒュッと上に跳ね返ります。さっきまでギューッと下に押していた腕が、瞬間的に上に向かって、フッと浮き上がるのです（写真27）。これは、拮抗筋《きっこうきん》の働きによるものです。ギューッと力を入れてい

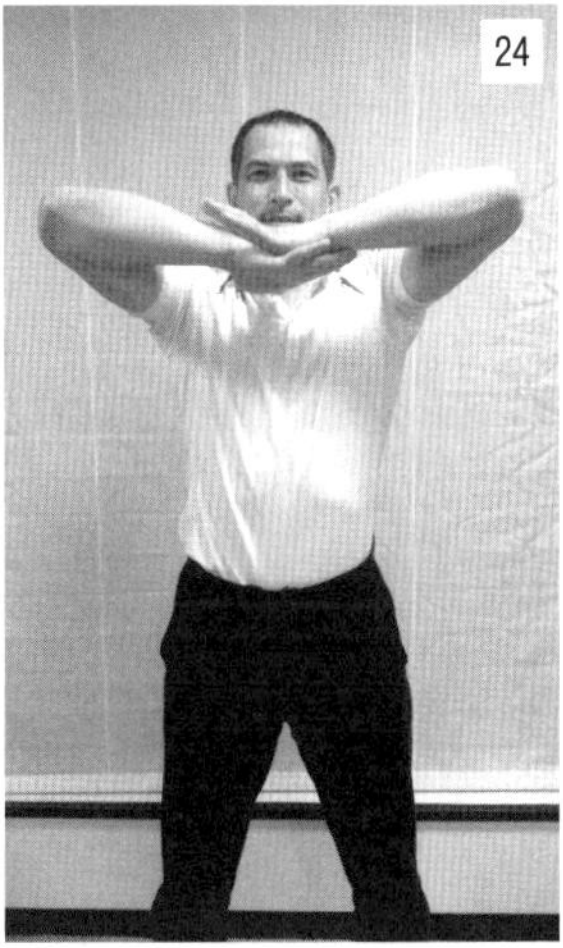
24

25

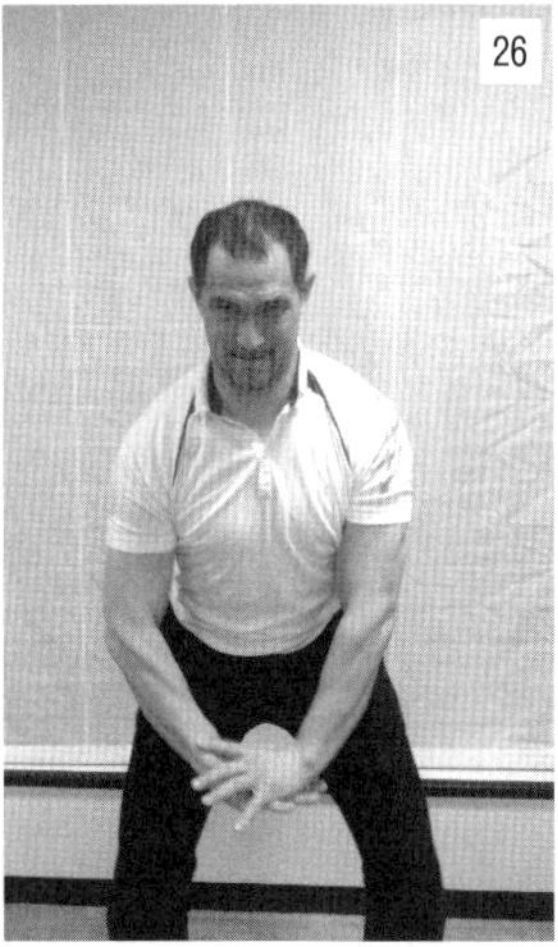
26

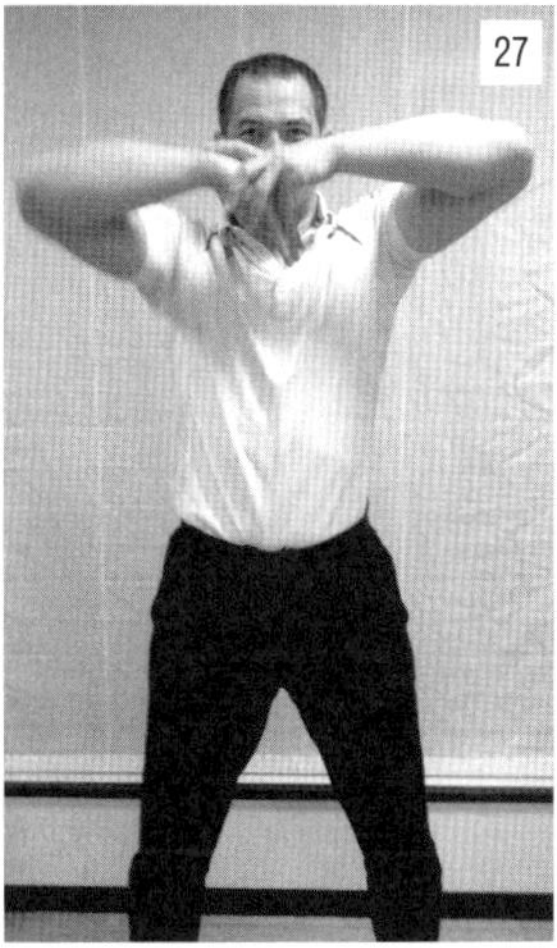
27

た筋肉を緩めたとたんに拮抗筋が働いて、フッと返ってくるのです。この拮抗筋による反射的な動きがこのトレーニングのポイントです。

次に、トレーニングをする人は、アシスタントの腕による抵抗がない状態で、さっきと同じように手を下に向かって強く押してください。実はこのとき、本人は強く下に押したつもりでも、あまり筋肉には力が入っていません。試しに、この動きをしているとき、アシスタントに腕の筋肉を触ってもらえば、プニュプニュと柔らかい状態で強張《こわば》りがないはずです。

では次に、トレーニングをする人は、最初にアシスタントの抵抗があったときのことをイメージして、あたかもそこに抵抗があるつもりで、ギューッと下に強く押してください。最大限の力で押したら、次の瞬間、押すのをやめてパッと手を放して一気に力を抜きます。すると、その手は、一瞬、抵抗があったときと同じように、拮抗筋が働いて反射的に上に向かって、フッと浮き上がるはずです。

つまり、何もイメージしないで力を入れていたときには働かなかった拮抗筋が、あたかもそこに抵抗があるというイメージを鮮明にすることで、ちゃんと働くのです。ちなみに、このイメージをしてギューッと力を入れているときに腕の筋肉を触ってみると、プニュプニュではなく固く引き締まっているはずです。

このトレーニングを一人で行う場合は、テーブルやカウンターなどを抵抗にして、それを下に押すつもりで力を入れて、最大限の力で押した後に、スッと手を放してやれば、同じように拮抗筋が働いて腕が上に上がることを体感できるはずです。それ以降の手順は二人でやるときと同じにすればいいのです。

こうして拮抗筋を働かせると、筋肉が前もって次の運動をする準備ができている状態になるのです。運動をする前にイメージをして、体が次の運動を準備している状態にしておくというのは、スポーツにおいてとても重要であると同時に、日常生活ではケガの防止につながります。あらかじめイメージして想定しておけば、体はその通りに動くはずなのです。

たとえば、歩くときに、これから踏み出す足が着地する場所に空気のボールがあるというイメージをして歩いてみてください。つまり、地面にある空気のボールを踏むつもりで足を運び、そのボールを踏んでから足を着地させるのです。

何もイメージしないで、踏み出した足をふつうに着地させるだけだと、着地した瞬間にはもう運動が終わった状態です。そうやって一度着地してからまた運動を始めるのでは次の動作が遅くなってしまいます。そうではなくて、踏み出した足が着地する前に、空気のボールを踏んでから着地させるつもりでいれば、体の準備ができるのです。そうすれば、転んだり躓《つまず》いたりするのを防ぐことにもつながります。つまり、空気の座布団があるとイメージしてから椅子に座るのと同じように、事前にイメージすることによって、筋肉に緊張感を持たせることが重要なのです。

スポーツ選手は、つねに先々の動きを想定しておくことが大事です。体にその準備をさせておいてから運動をすることでパフォーマンスを高めることができるのです。

このエクササイズでは、階段を上るときにも空気のボールがあることをイメージして上ってみましょう。次の段に上るとき、そこに置いてあるボールを踏んでから足を着地させるというトレーニングです。ただ足を投げ出すように運んで上るのではなく、一度、空気のボールを踏んでから着地させることで、強く踏み込む運動をすることになり、全身の筋肉を働かせて階段を上るトレーニングをすることができるのです（写真28・29）。

【室伏流エクササイズ】⑦　紙風船を使うエアトレ

階段を上るときに、「空気のボール」があることをイメージするトレーニングを紹介しましたが、それをもっとわかりやすくイメージするための方法を紹介します。

階段を上るときに振り上げた前足が着地する場所に「空気のボール」を置くのが、前述した

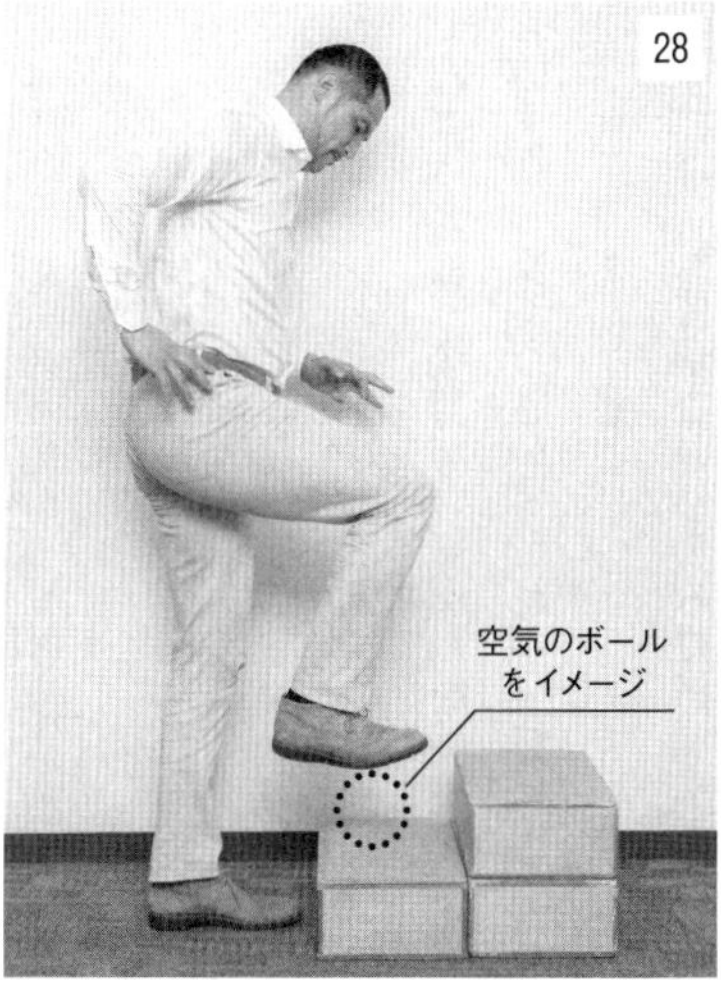
28
空気のボール
をイメージ

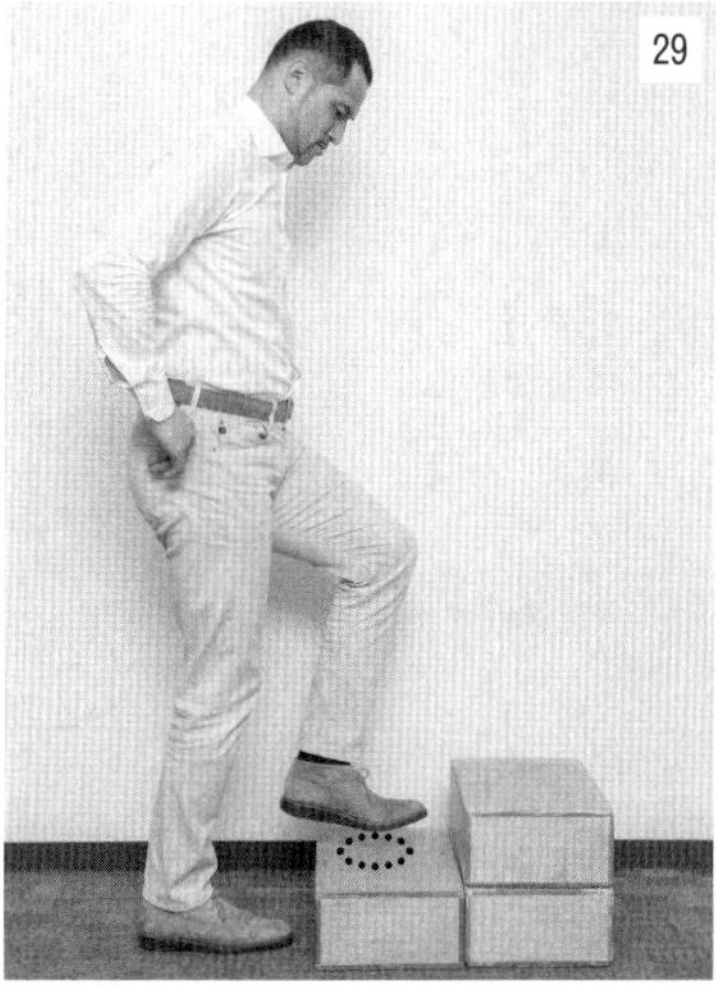
29

トレーニングでしたが、今度は、その空気のボールの代わりに紙風船を階段上に置きます。そして、紙風船を潰さないように足を着地させてください。紙風船を潰さないのだから、実際は着地しないのですが、「潰さないように踏む」という状態を保つことが、このトレーニングの肝心なところです。この状態で筋肉の緊張状態を保つことが、エアによるトレーニングになるというわけです。

そして、さらにもう一つ、紙風船を使ったトレーニングを紹介します。

まず、金属製の箱や分厚い本などの硬いものを用意して、それを胸の前で両手で強くギュッと押します。両肘を外に張って、九〇度ぐらいに曲げて、その物体を潰すつもりで強く押します。これは予行演習のようなものです（写真30）。

次に本番です。膨らんだ紙風船を用意して、硬いものを持ったときと同じ形で両手で持ちます。ここから先、絶対に紙風船を潰してはいけません。では、先ほど硬いものを両手で強く押したときと同じ姿勢で、紙風船を絶対に潰さないように気をつけて、それでいて全力で紙風船を強く押してください。これが、紙風船という本当に空気が入った物体を使って行うエアトレーニングです（写真31）。

これは、抵抗がないところに抵抗を作ることで、全身の力をより大きく引き出す「エアによ

30

31

る筋トレ」です。硬いものを押すときは、単に押す力だけの筋肉しか働きません。ところがそこに紙風船を潰さないという制限を与えれば、力を入れれば入れるほど体幹部分や全身の筋肉が働き、より多くの筋肉を使う運動になるのです。

長くトレーニングを積んだ人であれば、紙風船がなくても、そこに空気のボールがあるとイメージして、あたかもボールがあるように全身で押すことができますが、それはかなり難易度が高い運動です。

しかし、紙風船という「実際の空気のボール」を使うことによって、エアトレーニングの効果を得られるのです。ぜひおすすめしたいトレーニングです。

【室伏流エクササイズ】⑧　にじり

茶道など日本古来の作法に「にじり」というものがあります。「にじる」という動きは、正座のまま、膝を進めて少しずつ動く、じわじわと前に出る動きです。この動きをするときは、畳や床の上に置いた両手を支点に腕の力を使って、前に進んだり、左右に方向を変えたりします。茶道の茶室には「躙《にじ》り口」というものがあります。客の出入り口で、高さも幅も七〇センチ程度の狭い入り口から、にじりながら入り、席に着くには畳の上をにじりながら進んでいく。

これが、にじりです。

そして、この動作は、実はとてもいいトレーニングになるのです。

まず、正座して、両手を握ります。この握りこぶしを両膝の少し前、握りこぶし一つぶんぐらい前の位置に置きます（写真32）。このとき、握りこぶしの小指側を床面につけるようにしておきます。そして、少し前傾して、握りこぶしの拳の面、空手などで言う拳面を床につけて、それを支点にして、膝を少しずつ前に出していって進む。つまり、にじりながら進んでいくのです（写真33）。

握りこぶしの小指側を支えにしていた状態から拳面を床につける状態に移行するまでの間に、拳面と床の間に小さなエアボールがあることをイメージしてください。それをゆっくりと潰していくように意識しながら、にじっていきます（握りこぶしの小指側を支えにしていた状態から拳面を床につける状態に移行するときに、拳面が転がっていくようにしてしまうと、正しくにじることができません）。

この動きは、日ごろ正座もしなければ、にじることもしない現代の日本人にとって、なかなかの筋トレになります。正座をして両腕を使うだけの運動に見えるかもしれませんが、実は全身の筋肉を使うトレーニングです。にじりは、手だけではにじることができません。身体全体

「にじり」の動作

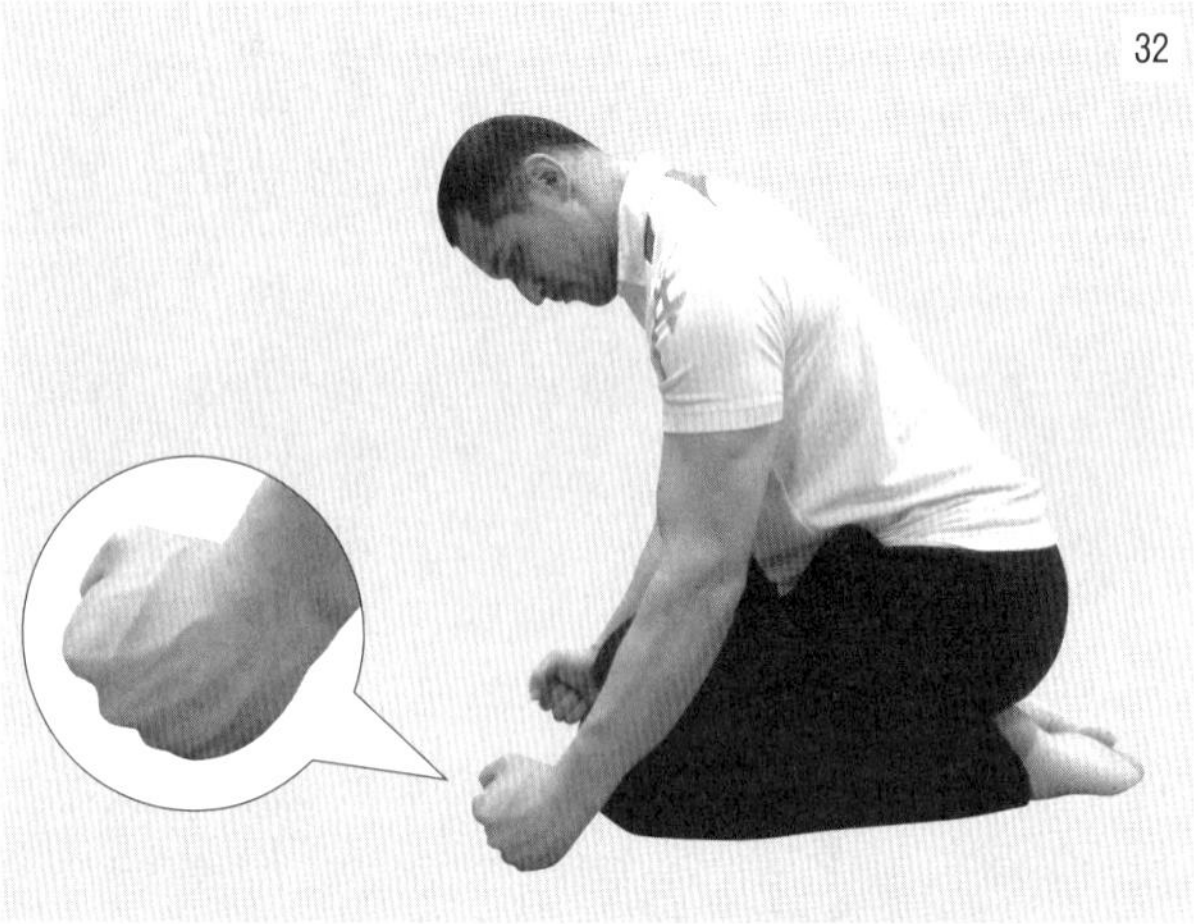

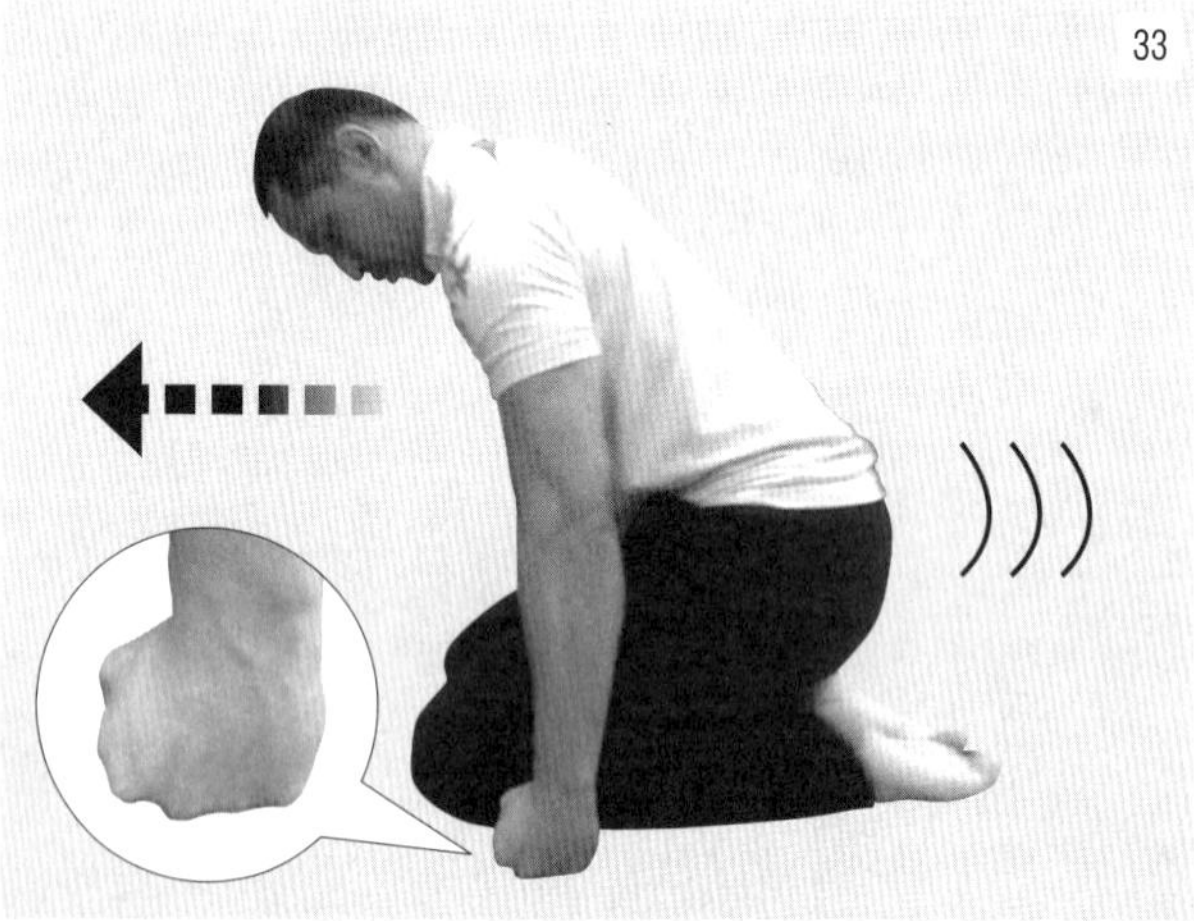

「にじり」の方向転換

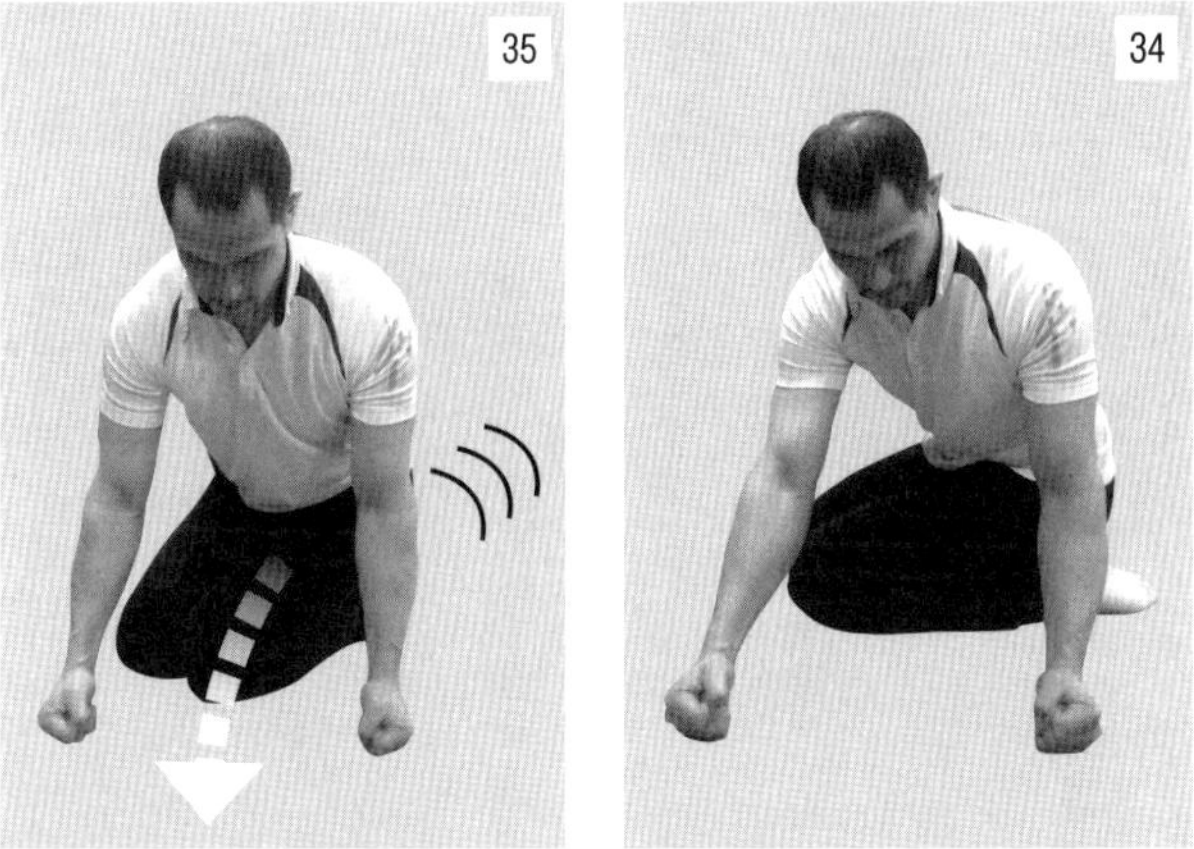

拳を左右いずれか真横に置き、にじることで、体をその方向へ運ぶ（写真 34・35）。

の統一感を持たせるために行う運動です。

つまり、「指を全力で伸ばすエクササイズ」のときに全身を使って指を伸ばしたように、全身を使って「にじる」という運動です。そのうえで、拳を支えにして体重を支えながら進んでいくことで、腕力を鍛えるトレーニングにもなります。これは、二の腕をシェイプアップしたいという人にはおすすめのエクササイズです。

「型」と「イメージ」と「空気」を制する者は世界を制す

ここで紹介した室伏流エクササイズには、三つのキーワードがありました。型とイメージと空気です。

スポーツには、理想的に体を動かすための「型」というものがあります。この型を体得して実践するためには、その型を鮮明にイメージすることが大切です。室伏流エクササイズの中で何度も説明してきたように、運動する前にイメージしておけば、体がそのための準備をして、イメージ通りに運動することができる。つまり、型通りの運動ができるのです。

そして、スポーツの場合、型をイメージして理想的な運動を試合本番で行うために大切なのが「空気（エア）」による練習です。つまり、試合で行う動きを空《から》の動きで練習することによって、イメージ通りの型を実践できるようになるのです。

たとえば、野球のピッチャーにはシャドーピッチングという練習方法があります。ボールを使わないで「ピッチングフォーム」という「型」を体得するためのトレーニングです。同じように、ボクシングには実際の打ち合いをイメージして行うシャドーボクシングという練習方法があります。どのスポーツにおいても、そうしたエアプレー、空《から》動作を行うことでイメージ通りの型を身につけて、本番で高いパフォーマンスを実現するためのトレーニングがあるのです。

室伏流エクササイズの中で紹介した「空気を使ったトレーニング」も、まさにそれと同等の効果を上げることができる「日常生活トレーニング」なのです。

では、最後に、型について、ハンマー投げの例をあげて、少し補足説明をしておきます。

ハンマー投げにおいても型は、とても重要です。私は自分なりにいくつかの型を持っていました。なぜワンパターンではなく、複数の型を身につけたかといえば、その時々によって、「どの型でやったほうがうまくいくか」ということが変わってくる場合があるからです。

その日の状態によって、「今日はスタンスを少し変えよう」とか「今日はハンマーが右側に飛んで行く傾向があるから、この型で行こう」というように、その日のコンディションやいろいろな状況によって、どの型で行くかを選んで、できる限りパフォーマンスを高めようとしたのです。

もしこれが一つの型しかなかったら、そういう対応もできず、コンディションによって、成績がよかったり悪かったりしていたかもしれません。どんな状況でも一定レベル以上の成績を出していくためには、型をいくつか持っておくことが大切だと私は考えていました。

型を身につけるために私が行ったトレーニングも、やはり「エアハンマー」という「空《から》」の動きでした。

どういうフォームが理想的か、つまり、どういう型を会得したいのか。それを明確にイメージして、ハンマーを持たずにその型通りの動きができるように練習するのです。

自分の手にあたかもハンマーを持っているかのごとく想像して、回転運動に応じてハンマーがどういう角度でどういうふうに回転しているかをイメージして型に沿った動作を行う。手、腕、腰、膝、足をどう運び、どう回転し、その時々でハンマーはどう動いているか。そして、最終的にはどう投げて、どうハンマーが飛んで行くか。

ハンマーを持たなくてもハンマーをイメージして、体の動きもハンマーもイメージ通りの動きができるようになれば、実際にハンマーを持ったときにもイメージ通りの投擲ができるようになる。これはそのためのシャドーハンマーなのです。

こうやって、いくつかの型を身につけて、試合本番のときの様々な条件に応じて、その引き出しの中から最適な型を取り出して戦うというわけです。

興味深いことに、海外の選手はハンマーを持たないでハンマーの空動作をする練習をあまりしていないようでした。

一緒にトレーニングをしていた海外の選手たちに、このハンマーを持たないエアハンマーをしてもらうと、あまり上手ではありませんでした。実際にハンマーを持って投げるときには、美しいフォームで遠くへ飛ばせるトップ選手であっても、ひとたびハンマーを置いて体を回転させると、まるで素人のような動きしかできないのです。

彼らの動きは、ハンマーが主体なのです。ハンマーがあって、ハンマーの重さがあって、ハンマーが回転する中で自分も動く。あくまでもハンマー主体の動きなのです。

しかし、私はその反対で、体の使い方と型をしっかり身につけることで勝負していました。海外の選手に比べて体格で劣る私は、そういう型が大切だったのです。つまり、型とイメージとエアを用いることで世界と戦うことができたのです。

日本と欧米では、様々な文化の違いがあり、所作や動作にも違いがあります。たとえば、日本の踊りは、一つひとつ断ち切ってピタッと止まりますが、欧米の踊りはワルツのように流れるように動いていき、断ち切ることはありません。ハンマー投げの場合も、流れの中で行う動きです。回転運動の大きな流れが投擲方向に向かっていけば、フォームが自然に良くなっていくという面があります。

私は、そういう流れの中で自分の体の動きをイメージすることをとても大切にしました。また、それと同時に、型の中の一つひとつの動作をイメージしておくことも大事でした。

たとえば、フォームの分解写真を見て、一つの動作から次の動作に移るまでの間に、どういう動きをするのかを想像するのです。分解写真の始まりから終わりまでの間の一〇コマぐらいの写真を選んで、一番目の写真から二番目の写真までの間にどういう動きをすれば、この写真の通りになるのか。二番目の写真から三番目の写真までの間にどういう動きをすれば、この写真のような形になるのか。そうやって、一枚目から一〇枚目までの体の動きを克明に想像するのです。

そうやって、自分が理想とするフォームの分解写真の途中の動きを想像し、検証し、それをイメージして、エアハンマーという空《から》の動作をやれば、そのフォームを身につけることができます。ほかの選手の写真であれ、あるいは過去の自分の理想的なフォームの写真であれ、それを追求すべき型の一つとしてイメージすれば、それが自分のものになるわけです。このトレーニングが高度になってくると、分解写真の枚数は一〇枚を七枚に減らし、最終的には三枚にしても、その途中の動きを克明に想像できるようにまでなりました。

いまは動画を見ることが簡単にできるし、超高画質のスローモーションの動画も見ることができるので、分解写真を見る必要もなくなっているかもしれません。しかし、あえていま、想像力を働かせてフォームをイメージすることの有効性を見直すことも必要かもしれません。

たとえば、型を作るときに重要なのは角度です。肘や膝、体の傾斜といった角度をどう作り、どう保つかということは、スポーツにおいて極めて大事です。

室伏流エクササイズの「ドアの取っ手を全身でつかみにいって開ける」という動きをすると

きに「肘の角度を九〇度に保つ」というトレーニングがありましたが、それは「肘の角度を保つ」ことで、あらゆる運動において強く筋肉を働かせることができるからです。再三、説明してきたように、腕などの小手先の小さな力を優先させずに「大きな筋肉を使う」という運動です。

試しに、肘を九〇度に保ち、角度と形を崩さないようにして体の前で構え、それをだれかに押してもらってみてください。肘の角度を固めてそれを保つことが、ほかの構えよりも数段強いことを実感できるはずです。この形を保つことによって、必要な分だけ力が入り、必要がなくなったら、自然に力が抜けるようになるからです。

「型イコール角度」といってもいいぐらい、スポーツにおいて角度は大切なのです。そして、この角度をイメージすることによって、しっかりと角度を保って最大限の力で運動を支えることができるのです。私はハンマーを投げるとき、この角度をいかに保って投げるかが、もっとも大切なことだと考えていました。私のハンマー投げの型における最重要テーマは「角度」なのです。

つまり、分解写真を見て動きを研究し、イメージするときも「この角度を保ってこの動きをするためにはどうするか」が重要だったのです。

型とイメージと空気で勝負すること。それはハンマー投げでもほかのスポーツでも、そして、仕事や生活においても大切なことだと私は思っています。

おわりに

長い競技人生の中で、もし私が極意と呼べるものを何かつかんだとすれば、「無駄のないトレーニングで最大限の力を蓄え、それを試合で出し切る」ということ。そして、もう一つは、ハンマー投げの楽しさ。つまり、自分で選んだ競技に打ち込むことの楽しさです。

ハンマー投げを始めた高校一年生のときから四一歳で現役を引退するまで、私はつねに自分で考えて練習をして、自分で考えて試合に臨み、自己管理をすることを目標にしていました。もちろん最初の頃は、コーチである父の手ほどきを受け、その後、多くの方々の指導と協力をいただきながら、徐々に自分で考えたり工夫したりできるようになっていったのです。

そうすることができたのは、まず、最初のコーチである室伏重信という人が、自分で考えて試行錯誤を繰り返しながら、アジアのハンマー投げの選手の第一人者になった経験をしていたからです。父はコーチとして、あれこれ選手に教えすぎることをせず、選手自身が自ら考えて成長していくためのサポートをするのが務めだという考え方に立っていました。

そして、私がそういうコーチのもとに育ち、自分なりの方法でハンマー投げに打ち込み続けることができたのは、それが楽しかったからです。毎日、「今日はこれをやろう」「今度はこれを試してみよう」ということを考え、研究し、それを実践していくのが楽しくて仕方がなかったのです。

たとえどんなにハードなトレーニングであっても楽しく取り組めたし、試合でいい結果が出ないときでさえおもしろかったのです。失敗したり悔しい思いをしたりしても、「よし、じゃあ今度はまた新しい取り組みを始めてみよう」というチャレンジが楽しかったのです。

もしこれが、だれかにやらされるような練習だったり、だれかに頼りきりで自分ではわけがわからないうちに勝ったり負けたりしていたら、こんなにおもしろいと感じることはなかったと思います。

ハンマー投げの選手として、体格の面では恵まれていたわけではなかった私が、世界のトップレベルで戦えるようになったのは、多くの人たちに支えられながら、自分で考えてチャレンジする楽しさを知り、それを一度も忘れなかったからです。世界で通用するようになるためには何が必要か。どんな練習をして、どこをどう鍛えればそのレベルまで成長できるのか。それを一生懸命考えて、工夫して、チャレンジすることがおもしろかったからです。

その過程には「もう無理かな」「こんなにがんばったのに超えられないなんて、もう限界かな」と思ったこともありました。しかし、そこであきらめることなくチャレンジを続けることができたのは、たとえ結果はどうであろうとも、チャレンジができることの喜びには限界などなかったからです。

私は幼い頃、よく遊びがてらに父の練習についていって、父がハンマーを投げている姿を見ていました。

「こんなに重たいものをあんなに遠くまで飛ばせるなんてすごいなあ」

そう思って眺めていたのが、見よう見まねでオモチャのハンマーを投げて遊んだり、父に投げ方を教えてくれとせがんだりしているうちに、いつのまにかハンマーに魅せられていきました。

そして、私には、五輪という「もう一人の父」がいます。父が一九八四年のロサンゼルス五輪に出場したとき、九歳だった私は初めて五輪を目の当たりにしました。選手も関係者もボランティアも観客も、みんなが平和の祭典という雰囲気の中にいる。遥かあこがれの地であり、そこに自分もいることが夢のようでもありましたが、ここは特別の場所だけれど、きっと世界中のだれもが立てる場所なのだと子どもながらに思いました。

その後、私は選手として四度、五輪に出場し、二〇二〇年の東京では、世界中のアスリートを迎える側に回ります。アスリートとしては、自国開催の五輪に出られるのは最高の喜びです。私も「もうちょっと遅く生まれていればよかったな」と思うことがあります。だからこそ、日本選手は、ぜひ五輪を目指してがんばってほしいと思います。私もそのお役に立てれば幸いです。

そして、東京オリンピック・パラリンピックを、世界中のアスリートが自己最高記録を出せるような大会にすることが、「もう一人の父」である五輪への恩返しだと私は思っています。

二〇一七年九月　　室伏広治

室伏広治（むろふし こうじ）

一九七四年、静岡県沼津市生まれ。元男子ハンマー投げ選手。博士（体育学）。東京医科歯科大学教授。中京大学卒業、中京大学大学院修了。自己最高記録は、二〇〇三年六月、プラハ国際で出した84メートル86。シドニー、アテネ、北京、ロンドン・オリンピックに出場。〇四年のアテネでは金メダルに輝く。同年紫綬褒章受章。中京大学准教授を経て現職。著書に『超える力』（文藝春秋）がある。

ゾーンの入《はい》り方《かた》

集英社新書〇九〇五C

二〇一七年一〇月二二日 第一刷発行
二〇二四年 六 月 八 日 第七刷発行

著者……室伏広治《むろふしこうじ》
発行者……樋口尚也
発行所……株式会社集英社
東京都千代田区一ツ橋二-五-一〇 郵便番号一〇一-八〇五〇
電話 〇三-三二三〇-六三九一（編集部）
〇三-三二三〇-六〇八〇（読者係）
〇三-三二三〇-六三九三（販売部）書店専用

装幀……原 研哉 組版……MOTHER
印刷所……大日本印刷株式会社 TOPPAN株式会社
製本所……加藤製本株式会社

定価はカバーに表示してあります。

ISBN 978-4-08-721005-7 C0210

Printed in Japan

a pilot of wisdom

人間の居場所
田原 牧　0891-B
シリア難民、AKB、LGBT、暴力団……世界から押し出され彷徨う人間の姿の中に生存のヒントが見える。

ナチスと隕石仏像　SSチベット探検隊とアーリア神話
浜本隆志　0892-N〈ノンフィクション〉
ナチス親衛隊が一九三八年にチベットから持ち帰った隕石仏像の真贋を検証し、ナチス思想の闇を解明する。

アジア辺境論　これが日本の生きる道
内田 樹／姜尚中　0893-A
日本が米との従属関係を見直し、中・ロに囲まれ生きる鍵は台・韓との連帯にあり！　辺境国家の合従連衡論。

反抗と祈りの日本画　中村正義の世界
大塚信一　043-V〈ヴィジュアル版〉
日本画壇の旧い体質と対決し、怪異な舞妓像を描き続けた異端の画家の生涯と作品を解説する初の入門書。

十五歳の戦争　陸軍幼年学校「最後の生徒」
西村京太郎　0895-D
エリート将校養成機関に入った少年が見た軍隊と戦争の実像。著者初の自伝的ノンフィクション。

ナチスの「手口」と緊急事態条項
長谷部恭男／石田勇治　0896-A
ヒトラー独裁を招いた緊急事態条項は、自民党改憲案と酷似。憲法学者とドイツ史専門家による警世の書！

名門校「武蔵」で教える東大合格より大事なこと
おおたとしまさ　0897-E
時代が急変する中、独特の教育哲学を守り続ける名門進学校の実態に迫る〝笑撃〟の学校ルポルタージュ！

すべての疲労は脳が原因3〈仕事編〉
梶本修身　0898-I
過労や長時間労働が問題である今、脳を疲れさせずに仕事の効率を上げる方法は？　好評シリーズ第三弾。

いとも優雅な意地悪の教本
橋本 治　0899-B
他者への悪意が蔓延する現代社会にこそ、人間関係を円滑にする意地悪が必要。橋本治がその技術を解説。

「本当の大人」になるための心理学　心理療法家が説く心の成熟
諸富祥彦　0901-E
成長・成熟した大人として、悔いなく人生中盤以降を生きたいと願う人に理路と方法を説いたガイドブック。

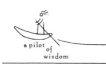